LOCUS

LOCUS

LOCUS

LOCUS

from
vision

from 118

權民一體論：遞進自組織社會

Integrating Power and The People:
A Self-Organizing Society of Layered Power Sharing

作者：王力雄
責任編輯：張人弘
校對：呂佳眞
法律顧問：全理法律事務所董安丹律師
出版者：大塊文化出版股份有限公司
台北市10550南京東路四段25號11樓
www.locuspublishing.com
讀者服務專線：0800-006689
TEL：(02) 87123898　FAX：(02) 87123897
郵撥帳號：18955675　戶名：大塊文化出版股份有限公司
版權所有　翻印必究

總經銷：大和書報圖書股份有限公司
地址：新北市新莊區五工五路2號
TEL：(02) 89902588 (代表號)　　FAX：(02) 22901658
製版：瑞豐實業股份有限公司
初版一刷：2016年11月

定價：新臺幣280元
Printed in Taiwan

權民一體論
遞進自組社會

Integrating Power and The People:
A Self-Organizing Society of Layered Power Sharing

王力雄　著

目錄

前　言

　　理論可以分成兩類，一類是在經典體系中辯論、挖掘和發展；一類是構造一套自己的概念與邏輯。前者屬學術，受學術體制的供養、約束和保護；後者往往只能置身邊緣獨自思考。其實經典體系無論看上去多神聖，最初也都曾位於邊緣。不過，現今學界對新創體系的排斥也非完全無理。每個領域都有了各自的經典體系，代代學者在那塊田地上耕耘澆灌使其不斷生長，足以滿足該領域的大部分需求。新創體系即使有獨特之處，卻不是非有不可，沒有必要讓其擾亂既定的格局。因此學界對新創體系普遍採取漠視的態度，任其在邊緣自生自滅。

　　單從解釋世界的角度，我同意迄今已有的經典體系基本夠用，不一定需要新創體系。想得到學界認可，就納入經典體系「老老實實做學問」，建樹不過是在「巨人肩上」微微踮腳。若想另起爐灶，便只能當作自娛，不要指望得到關注和承認。不過有一種情況是例外——若是為改變現實世界提供的方法，當那方法構成完整的操作體系，便不可能不對現實世界有全新的認識。或者說，可改變世界的操作體系背後，必然少不了重新詮釋世界的體系，由此才能支撐其推動的變革。否則，既有的經典體系既不能提供對其變革的說明，更無法提供支持變革的佐證。這種時候，新體系的問世便成為必需。

　　我將本書命名為「權民一體論」，其中不攙雜任何學術野心，無意挑戰經典體系，只是為我多年思考的操作體系——遞

進自組織——進行解說，論證其何以正當，何以可操，何以能
解決當今社會面對的問題。「問題」在先，「主義」在後。此書
的目的和興趣，在方法而非理論，並始終以感恩之心從經典體
系廣汲養分。

不過，談到方法又會觸碰到學界對「開藥方」的忌諱。
在二十世紀的各種社會改造失敗後，學界對任何「總體
性」——尤其對關於社會的設計和操作唯恐避之不及。海耶克
（Friedrich August von Hayek）認為追求社會正義是通向奴役之
路，在於事先樹立「理想」必定同時確定路徑，從而會剝奪人
的自由選擇和行為，「理想」的確立者成為當然指路人和裁判
者，奴役由此而生。他贊成出於人的活動而非人的「明確意圖」
所形成的「自生自發秩序」。這已基本成為中國學界的共識。
的確，以往的社會設計及操作體系多數造成災難。然而社會發
展既然受人類能動的強烈影響，設計就不會不起作用。處處進
行設計的人類怎可能不設計社會？面對層出不窮有「明確意圖」
的干涉，堅持「自生自發」等於拱手讓那些「明確意圖」自行
其是。「老大哥」們不會因學界否定而放棄「總體設計」。我們
哪怕只為避免納粹、文革、紅色高棉一類災難重演，也不能不
從總體的角度應對。況且人類目前面臨的生態危機、族群衝
突、科技奇點等，都離不開總體性解決。發展可以自發進行，
節制卻不能自發實現；經濟活動可以自發運轉，價值與正義卻

不能自發降臨。當社會前途越來越取決於普遍正義與共同節制時，放任的自由不可能勝任，在原框架內的「零星工程」或「自生自發秩序」也無法超越，除了進行轉換體系的總體變化，別無他途。

設計不是問題，設計了什麼才是問題。美國從一片荒原變成超強大國，那幾十個集聚費城的人類頭腦殫精竭慮的設計正是決定因素之一。需要區分的是兩種設計，一種是對目標的設計，即過去那些造成慘痛教訓的烏托邦；另一種是對方法的設計，即海耶克所說「會產生秩序的規則」——美國憲法是這種規則，遞進自組織也是這種規則。主義著眼應該怎樣，方法卻著手於能夠怎樣。不同的社會形態歸根結蒂在於採取了不同方法——使用奴隸、封地建邑、代議制、三權分立、競選、國有化……正是不同方法的出現與實施，造就了不同的社會與時代。

當然，可以劃時代的方法一定會觸及本質，因此必會蘊含解釋世界的主義。沒有主義的方法只是雕蟲小技，不可能劃時代。主義與方法的相輔相成一直是人類社會進步的源泉。今天，從東方到西方，人們普遍喪失信心，四顧茫然。相互競爭的舊體系在各自的困境中步履蹣跚，難以自拔。面對這種方向迷失和窮途末路，故步自封的學術只會變著花樣老生常談，冷凍在邊緣的思想只能顧影自憐或孤芳自賞。足以開闢新時代的

大方法和新主義最終能否問世並造就新社會，謀事雖然在人，
成事卻需在天。

　　追溯下來，這些年我對本書所談的方法有過三種稱謂。
一九九八年出版的《溶解權力》（明鏡出版）稱之為「逐層遞
選制」——源於我從一九七五年開始構想並在一九九一年出版
的《黃禍》一書（明鏡出版）中描述過的選舉方法。迄今圍繞
此構想的內容已擴大許多，但是「逐層遞選制」仍佔據一通百
通的位置。《溶解權力》為其建立了理論框架，這個稱謂卻被
認為有些狹窄，容易被理解為只是關於選舉的技術調整，缺少
引向新型社會的想像。
　　我在二〇〇六年出版的《遞進民主》（大塊文化）一書中
改稱「遞進民主」。定義擴展為「逐層遞選制＋遞進委員會制」。
這個概念增加了涵蓋性。問題在於「民主」是當今誰都要戴的
帽子，專制政權也如此標榜，從而被搞成了含義模糊的形容
詞，讓人對其不加深思，甚至把「遞進民主」理解為民主需要
循序緩行，和我的本意背道而馳。
　　本文使用「遞進自組織」，比「遞進民主」偏重體現方法，
又比「逐層遞選制」涵蓋面廣，可同時包納「遞進委員會制」，
也更適合本文從「自組織」切入的論述。不過這並不意味我拋
棄了「遞進民主」之稱。綜合而論涵蓋性和延展性，我認為最

貼切的稱謂仍然是「遞進民主」。

感謝 Jessica Noble 對本文研究寫作過程的長期支持。

感謝多年來與我就遞進民主進行思想碰撞的陳宜中、林猛、李曉林、李嵐、郭玉閃、王彥、王超華、Perry Anderson、蕭瀚、張祖樺、陳子明、劉蘇里、劉曉波、吳思、梁曉燕、王維洛、盧躍剛、徐向東、冼岩、海壁、黃渡海、李依燃、王偉、周濤、于奇、陳冠中、潘婧、陳志偉、李憲源、朱建剛、陳越、楊支柱、朱雨心、鄧白洋、劉自立、陳初越、凌幼娟、知原、韓建濤、汪曉濤、楚望台、崔衛平等人士。

感謝多年來在我研究和推動遞進民主過程提供過幫助的盧紅、郝明義、達賴喇嘛、桑東仁波切（Samdhong Rinpoche）、郝維真、呂邦列、閆玫娟、曲輝、劉毅、王江雁、王建軍、穆軍、史克 (Bertha Sneck)、Carma Hinton、何頻、湯皓全、韓方明、柯銀斌、嘉日洛珠 (Lodi Gyari)、才嘉、次丹旺秋、更特才讓、鄧儀、王小強、張木生、林培瑞（Perry Link）、Elliot Sperling、蕭強、蔣慧娜、王我、冉麗芳、郜華欣、侯笑如、徐曉、楊明輝、童屹等友人。

感謝妻子唯色和去年去世的母親鄭荃在我沉迷思考的寂寞歲月與我的相濡以沫。

感謝台灣大塊文化出版公司、明鏡出版社、香港社會科學

出版社出版我的有關作品。

　　感謝本書編輯張人弘先生。

　　感謝《香港社會科學季刊》、《領導者》雜誌發表我的有關
文章。

　　感謝多維網、博訊網連載我的有關文章。

　　感謝互聯網，除了作爲便捷的交流管道和材料來源，更有
眾多網友給我帶來啓發和鞭策。

王力雄

二〇一六年八月　北京

1

二元社會

【本章提要：社會的基本劃分是有權和無權；從組織角度可描述為「權組織＋被組織」；權力的強制性主要不是出於強力，而是出於組織的程序性溝通。】

有權和無權

我們熟悉的社會一直是以權力劃分的二元結構——一元是權力，另一元是無權：統治－被統治、管理－被管理、官吏－百姓、當局－公眾、國家－人民⋯⋯歷史上各種社會的性質不同，這種二元都一樣。古代是朝廷和百姓，現代換成代表和被代表者、公僕和人民⋯⋯本質區別仍是有權和無權。其他的劃分——階級、階層、等級、集團、族群、強勢弱勢等，都不如有權無權的劃分清楚明瞭。各種主義和學說無論怎樣分歧，卻都把權力視為自在的「利維坦」（Leviathan），既要靠它管理民眾，又要對其進行馴服，防範它壓迫民眾。以民主制約權力，出發點也是把權力當作對象進行「監督」、「選舉」或「罷免」。在人們觀念中，這種分離似乎與生俱來，不假思索。

權力自古便是爭奪目標，搶到手就成為高踞社會之上的主人。然而權力到底是什麼？它不是具體物質，沒有實體，卻無一不被人時刻感受，無形但有效。有人認為權力是職位。的確，官員一退位，榮耀就煙消雲散，原本前呼後擁者立刻投向新官。然而垂簾的慈禧和退休的鄧小平都無職位，卻是大權在握。

有人說權力源於強力，但是強力不是權力。持槍罪犯迫使受害者服從，不能說實施了權力。權力的強制性無疑包含強

力，更多強制卻不需要使用強力。如扣工資不是強力，卻是強制。日常人們服從權力，主要是服從非強力的強制，甚至不顯露強制，服從權力被人當作只能如此的「天經地義」。在這種「天經地義」中，更能看到權力的本質。

權力存在於組織。無論是國家組織、社會組織，或公司組織、村莊組織，有組織就有管理和被管理，就存在有權無權，以及無需強力也得服從的「天經地義」。強盜與受害者沒有組織關係，因而沒有權力關係。國家之間各為獨立組織，權力體系也相互獨立。一個國家被另一個國家佔領，相當於強盜與受害者的關係，同權力無關。如果佔領國在被佔國建立了政權，便有了權力關係。若抵抗者不承認，佔領政權對其就仍然只是強力。

「天經地義」源於組織成員的同意。這種同意首先是因為人的生存與發展需要組織。權力維繫組織運轉，是權力的第一要義。如果權力只有對人的管束壓迫，人便會脫離組織，權力對其也就不復存在。人們容忍壓迫，說明組織帶來的好處大於壓迫的壞處。

當然，人若沒有選擇離去的自由（如奴隸），就更多是因為強力的強制了。

權組織 + 被組織

　　組織理論一般把組織分為他組織和自組織。經典定義是：組織在形成過程中沒有外界特定干預的為自組織，否則是他組織。

　　人是社會動物，會自發形成組織。自發組織的初始往往是自組織——沒有外來指令，參與者直接溝通協商，沒有壓迫和強制，是人們出於自身利益需要的自願結合。利益受損，人就會離開。因此自組織狀態下人們彼此平等，相互認同。

　　以自組織和他組織分類會遇到如下問題：一是最初的他組織是如何產生的？例如人類學家描述的從血緣族群發展到國家組織，自組織是在哪個環節變成了他組織？最初的外界干預是什麼？他組織又怎麼會在後來登上統治地位？二是自組織發展到一定規模須分出子組織（次級組織）。子組織往往由母組織推動和調控，運轉也受母組織干預，因此子組織符合他組織的定義。那麼由這種子組織組成的母組織還算自組織嗎？這後一個問題已經包含了對前一個問題的一種回答——他組織可以由自組織演變形成。

　　他組織的概念對本文要做的分析並不實用，因為很難相信今日還存在沒有外界干預的組織。即便是邊遠地區的村民自發合作，也受到國家法令、政府政策乃至村幹部的干預。在這層

意義上便幾乎沒有不屬於他組織的組織，以其分析會失之籠統。

本文提出一個「權組織」概念——實施權力的組織。典型的權組織是由官員和官僚組成的政府。企業、學校、機構也各有其實施權力的系統。各種權組織之間不一定直接從屬（除非整個社會被全能型專制權力控制），但最終在國家權力的框架內，各種權組織共同構成二元社會的權力元。

任何他組織的內部都有權組織，可以把他組織分解為「權組織」和「被組織」。「被組織」指的是由「權組織」對無權者進行組織，看似組織起來的無權者在本質上仍是無組織（一離開權組織即會顯現為無組織）。把他組織分解為權組織和被組織，有助於體現組織內部的二元關係。

他組織定義所說的「組織受外界干預」可以這樣看——發出干預的是外界的「權組織」，接受和貫徹外界干預的是組織內部的「權組織」。當組織受外界「權組織」干預時，即是該組織的權組織接受「被組織」，再由該組織的「權組織」對組織內部完成「被組織」。

由此看自組織也會更明確——只要是自組織，就沒有權組織，也不是被組織。一旦自組織內出現權組織，自上而下進行被組織，自組織就不再是自組織。按此標準，當前社會規模稍大的正式組織都不可能是自組織。

「權組織＋被組織」是二元社會的基本關係，社會從整體到局部皆如此。權組織是自上而下的倒樹結構，結構的每個節點皆對上接受指令，對下發布指令，將無組織的無權者組織起來。

權組織內部也是被組織，自上而下，形成逐層擴大的金字塔。上級是其下級的組織者，下級被上級所組織，再去組織更下級，而無權者的被組織由權組織的基層官員具體實現。基層以上的權組織層級，除了制定決策，主要是為了管理權組織自身，使其成為貫徹權力意志、讓無權元實現被組織的有效機器。而權組織的層級主要是出於權力自身溝通的需要。

權力分立的社會並非由一個權力金字塔自上而下統治，並列的權組織相互競爭制衡，但社會總體仍然是「權組織＋被組織」的結構。

組織與溝通

權力存在於組織，溝通是組織的基本特徵和基本活動，是組織的基礎，因此也是權力的基礎。本文只從這個角度討論溝通。

溝通在自然界和人類社會都是無所不在、時刻發生的。當一個群體形成了常規的程序化溝通，便有了組織的性質。

　　如果群體中人們各自分頭溝通，從排列組合看，任何一人可能與其他人（包括其他人的不同組合）發生的關係數（且不說具體內容），等於二的 n-1 次方減一（$2^{n-1}-1$），即每增加一人，群體可發生的人際關係數約增加一倍。九人是二五五；二十人是五二四，二八七，爲九人的二,〇四八倍；五十人約爲五十六萬億，爲二十人的一億倍以上……因此群體達到一定規模，各自分頭溝通便無法做到，必須以固定、集中、合併的程序化溝通進行簡化，群體才能共同行動和相互協作。

　　溝通包括資訊、反饋、管道三個方面，所謂的程序化溝通主要體現於管道的安排與固化上。用各種溝通管道搭建成將群體納入其中各司其職的結構，即爲組織。

　　權力體現於對這種管道的掌控，通過開放某些管道，堵塞另一些管道而控制溝通，既能統一決定群體的共同行動，又能分別決定群體成員的不同處境。這種溝通結構即爲權組織。由權組織溝通無權者，便是無權者的被組織。

權力與溝通

　　權力到底是什麼？本文不去梳理已有的諸多理論，只從溝通角度認識權力。

　　設想一公司有某個被多數同事厭惡的小人，某天鑽營得逞

被董事會任命為總經理，儘管他一點也沒變，人們立刻就得服從他。變化源於哪裡？表面是總經理的職位，但職位的作用要放在溝通背景上理解。總經理是公司溝通結構上的樞紐，不管由誰擔任，公司的各條信息溝通管道都交匯其上，這是由組織結構確立和保證的。

以聘任一個部門經理為例，假設流程如圖 1：

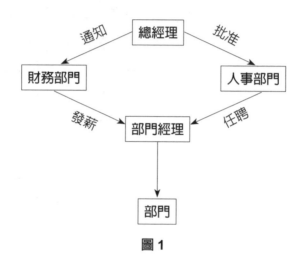

圖 1

正常程序是：人事部門按總經理的要求選擇對象，總經理批准後正式聘任；財務部門從總經理處得到給受聘者發薪的指令；財務部門並不知道公司需要什麼樣的人，也不必知道。哪怕總經理結黨營私安插了一個馬屁精，財務部門見到指令也得照發工資。而人事部門雖然清楚公司所需的人才，沒有總經理

同意，再合適的人也無法聘用，因為財務部門不按人事部門指令發工資。

假設人事部門通過直接溝通說服了財務部門，超越總經理，聘任了更稱職的部門經理。受聘者上任的部門是否接受其領導？公司其他部門又是否與其配合？一步程序的破壞如同電線「短路」，會造成諸多錯亂。

退到底，就算公司各方在私下溝通後都接受了人事部門聘的部門經理，與其配合，等於全體員工共同廢黜了總經理，那樣即使公司內部可以運轉，與公司外部的溝通也會有問題。本需通過總經理之法人地位對外銜接的組織關係、經濟合同、銀行貸款、供貨進貨等，既得不到法律認可，也得不到客戶信任。

至此，各部門仍不得不服從總經理——從這個例子可以看到權力與溝通的關係，以及權力的「天經地義」之所在。

2

溝通結構

【本章提要：社會是一種溝通結構。因為直接溝通的範圍有限，大型社會須由多級「溝通樞紐」架設間接溝通的結構。權力源自溝通。「溝通樞紐」對溝通的掌握即是權力。】

直接溝通的限度

人類在文明前階段結成以血緣爲紐帶的小規模群體。那時並非如霍布斯（Thomas Hobbes）描述的「一切人對一切人的戰爭」。群體內部以合作爲主，不是因爲契約意識，也非爲了自由平等。人性確如霍布斯說的追求自利，但自利並不意味只有相互搶奪，合作也是一種自利。群內每個個體的生命安全乃至飽暖都離不開群的合作。這一點無需演化成人才能明白。以群進行合作的關係在動物界普遍存在。這種互助群符合組織學概念的「自組織」及「自發秩序」。

然而在不同的群體之間，經常處於霍布斯描述的戰爭狀態。專家觀察到與人類血緣最近的黑猩猩群體經常伺機獵殺相鄰黑猩猩群體的成員。而人類群體之間的殺戮直到近代都可看到（如台灣原住民稱爲「出草」的獵首，到二十世紀日治時代才徹底革除）。每個群體都盡可能用暴力消滅或驅逐鄰近的群體，爲自身的繁衍壯大爭得生存資源和空間。學者們普遍相信這是上古時代人類群體間的基本關係。

爲什麼群體內部可以合作，群體之間就相互殺戮呢？形成群的自組織機制爲什麼不能一直擴大，讓合作隨之擴大？反而當群體繁衍擴大到一定規模就要分裂，並走向競爭與敵對？在各種因素中，除了資源的限制，直接溝通的限度是另一重要因

素。

以保證合作所需的群內秩序為例，首領作用是決定性的。但無論首領是以原始群的體力搏鬥勝出，還是血緣群的按輩分產生，或是再後來的氏族公社推舉，其產生過程都需要被群內所有成員充分瞭解，才能給予承認和服從；首領履行職責——指揮捕獵，維持秩序，保護領地，與其他群體作戰，也要被群體成員充分知曉，才能與之配合，共同行動。更不要說一個自組織群體的成員相互瞭解，實現合作，也必須能夠充分地直接溝通。

實現充分直接溝通的群體規模是多大？不同情況各異。十數人臨時聚會聊天，要麼有人插不上嘴，要麼自然分夥各說各的，即是超出直接溝通的限度；全天候相處的氏族公社，即使上百人也可以彼此熟悉，充分溝通；對此，除了前面的排列組合計算，還有牛津大學人類學家鄧巴（Robin Dunbar）的一五〇定律（Rule of 150，或稱「鄧巴數」），確定人類智力允許的社交人數是 150 人……不過，具體限度到底是多少，不需要追求精確的定量，承認有限即可。

一旦超出直接溝通的限度，群體內部的自發合作就會出現問題，秩序不好維持，權威難以保證，競爭也會出現，甚至發生衝突。對於沒有能力在更高層次構建社會的物種，此時的解決方式就是分群，重新縮小到可以充分直接溝通的規模。

在不同的群體之間則更加難以溝通。如果未建立共同認可的溝通結構，便會落入霍布斯的詛咒。把霍布斯的「一切人對一切人的戰爭」改成「一切群體對一切群體的戰爭」，即是早期人類的基本狀態。

可以設想，對每個群體更有利的不是彼此殘殺，而是群與群之間談判協議，劃分範圍，形成共識和規則。各群體都可因此減少犧牲，避免流血，增加安全，不再恐懼，因此需要在群與群之間實現充分的溝通。人類建立文明，必須解決這個問題。人類群和動物群的不同，即體現於群與群之間的溝通方式。

間接溝通

人類的早期社會通常是這樣，超過充分直接溝通限度的血緣氏族會分化爲幾個氏族；幾個氏族再以胞族方式形成聯合體；屬於共同親族的若干胞族、氏族進一步聯合成部落；再發展到部落聯盟——這種發展採用了間接溝通的方法和結構。

爲了繞開考據，這裡不談實際狀況究竟如何，不妨借用卡羅伊（John Charles Harsanyi）提出的「無知之幕」（Veil of Ignorance），設定一個「原初狀態」——每個人都無特定身分和既得利益，沒有路徑依賴，共同點是追求自身利益，擁有平

等權利，同時有做出全盤判斷和選擇的理性。在這樣的狀態下，人群會怎樣解決溝通與合作的問題呢？

假定一個人最多能與另外九人以直接方式實現充分溝通，當群體大於極限——如達到十七人——時，如何實現充分溝通？辦法是分成兩個單元，一個單元九人，一個單元八人。每個單元各推出一人作為「溝通樞紐」，由「溝通樞紐」進行單元之間的溝通。如圖2：

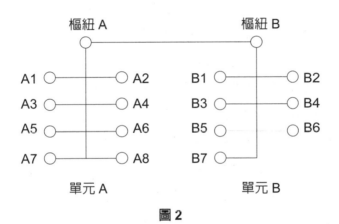

圖2

在這種結構中，沒有任何一人的直接溝通對象超過九人。單元A的成員只與本單元另外七個成員和「樞紐A」直接溝通；單元B的成員只與本單元另外六個成員及「樞紐B」直接溝通；「樞紐B」的直接溝通對象除了本單元七個成員，再加上「樞紐A」，共八個；「樞紐A」的直接溝通對象最多，除了單元A

八個成員，再加「樞紐B」共九個，正好未超過限度。

此結構之所以能使所有人都不超出直接溝通限度，在於利用結構切斷了單元A成員與單元B成員之間的直接溝通，通過「樞紐A」和「樞紐B」進行間接溝通。這種間接溝通無非是把幾條可充分溝通的直接管道連在一起，如A7→樞紐A→樞紐B→B6中的每一段都可以充分直接溝通，理論上只要不發生阻塞，A7和B6就可以充分溝通，只是需要經由「樞紐A」和「樞紐B」兩個間接環節。這對每個其他成員都是一樣，因此可以認為十七人之間能夠實現充分溝通。

以同樣方式擴展間接溝通的結構，可繼續擴大實現充分溝通的人群規模。假設十七人群體與另一個結構相同的十七人群體聯合，兩個群體共有四個樞紐，這時「樞紐A」的直接溝通對象達到十一個，「樞紐B」達到十個，都超過了極限，便需要在「間接」之上再加一層「間接」。

圖3把兩個十七人群體分別稱作「單元II A」和「單元II B」，各推出一個二級樞紐──「樞紐II A」和「樞紐II B」。假定「樞紐II A」出自單元A，「樞紐II B」出自單元C，單元A和單元C由原來的九人變成八人。這時「樞紐A」除了與下屬七位成員和「樞紐B」直接溝通，加上「樞紐II A」，正好未超過極限。樞紐B、C、D與「樞紐A」一樣。「樞紐II A」、「樞紐II B」則除了彼此直接溝通，每人只與下

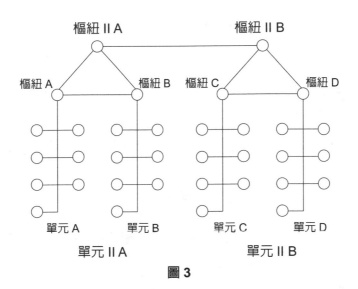

圖 **3**

屬兩個一級樞紐直接溝通，更沒問題。理論上，只要「樞紐
II A」—「樞紐 II B」能充分溝通，兩個原本已經可以充分
溝通的群體（「單元 II A」和「單元 II B」）就可以通過「樞紐
II A」—「樞紐 II B」實現充分溝通。請注意這裡加了「理論
上」，因為現實中的溝通樞紐很可能會有意地阻塞溝通──這
正是本文要解決的問題。

在間接溝通結構中，任何一個單元的所有成員加上該單元
的溝通樞紐，組成一個「層塊」（如圖 4 所示）。「層塊」是本
文將會經常使用的概念。用「層塊」不用「單元」稱呼，是因
為單元可以孤立存在，層塊則必須在上下關係中存在。如圖 4

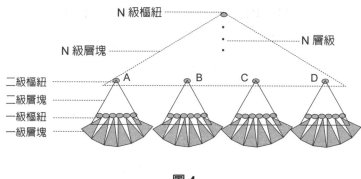

圖4

的間接溝通結構，每個「一級樞紐」皆屬於兩個層塊——既是「一級層塊」的樞紐，同時是「二級層塊」的成員。「二級層塊」的樞紐（二級樞紐）同時是「三（N）級層塊」的成員……圖中除最高的「N級樞紐」，每層的每個樞紐皆是這種雙重身分。間接溝通結構就是由這種一層托一層的層塊搭起。無論結構規模擴大多少，層塊都是基本結構。

「溝通樞紐」的權力

合併信息處理

同一單元的成員日常所需處理的信息相當一部分是相同的。如單元B將拖延十天交貨，無需單元A的九人各自對單元B的八人進行調查再得出結論，只需「樞紐B」→「樞紐A」

的管道通知單元 A 全體成員,省卻重複,降低成本。

協調合作

在分工社會,分工者不必彼此相識。假設單元 B 搞沖壓,單元 A 搞熱處理,B7 沖壓輪轂,B6 沖壓輪圈,B5 沖壓輪盤,都由 A2 電鍍。A2 按時按量收到待電鍍的三種零件即可,至於由何人沖壓,與 A2 無關,只需「樞紐 A」和「樞紐 B」掌握與協調即可。

指揮行動

溝通不僅指傳遞信息,還包括取得共識,分工配合,共同行動,因而離不開指揮。

從上述功能已經看得到權力的影子。間接溝通結構也與現實組織結構相似——「溝通樞紐」相當於掌權者,溝通結構類似權力結構。

社會分工需要互不謀面的人實現配合,首先要建立規則。沒有規則,一事一議的溝通會複雜到不可思議,難以為繼。規則建立了一致標準,相當於事先進行了最廣泛的溝通,成為其他溝通的基礎。

間接溝通結構在漫長歷史進程中不斷擴大,直至形成大型

國家，同時演變爲難以摸清全貌的迷宮。任何繞開或甩掉「溝通樞紐」的企圖，都會讓溝通結構癱瘓或混亂，使溝通無法進行；因此只有遵守規則，服從樞紐，才能實現正常溝通，達到組織的功能。其他方式的溝通很難得到呼應，甚至全無可能。當人們除了服從溝通結構的支配別無可能時，溝通便體現爲「天經地義」的權力，「溝通樞紐」對溝通的掌握即是對權力的掌握。

權力的強制性主要在於對溝通的控制。前面講過的總經理通知人事部門解雇誰，人事部門就要將誰打發走；總經理通知財務部門扣薪，財務部門也得執行。其中沒有強力，卻能讓所有員工受到管制，包括人事部門和財務部門本身。人事部門不執行總經理決定，總經理可以讓財務部門扣發薪水；而財務部門違抗指示，總經理又可以讓人事部門將其解雇。層次越高的「溝通樞紐」，把握的溝通管道越多，權力越大。權力讓人飛黃騰達或一敗塗地，其中少有刀光劍影，大部分只是無聲的規則在溝通結構中的運行。

源自溝通的其他權力

雖然本文要討論的「權民一體」只針對管理社會的公權力或政治權力，不涉及以下領域，但可以進一步印證權力與溝通

的關係。

金錢

作為商品交換的中介，金錢的溝通功能不證自明。金錢完成的溝通佔據相當比例的社會溝通。金錢權力幾乎無所匹敵。別說每個人的生存狀況被它決定，連總統當選、國王下台它也能左右。那當然不是印鈔機的魔力，而是出於錢在溝通結構中扮演的角色。錢是身分單一的樞紐，沒有複雜層次，溝通簡單明瞭；億萬「分身」遍布所有角落，因而溝通最為廣泛；與人格權力相比，它不帶傾向，沒有立場，不攙雜人的變數，對所有人一視同仁，因而最易把各種力量集中在它的旗下，把觸角伸進一切領域。

媒體

媒體一詞本身已經表達了其與溝通的關係。其被稱為「第四權力」，往往決定人們對事物的態度，引導人們的消費需求與意識，甚至能改變人們的價值觀念與生活方式。典型的是廣告，媒體作為消費者與商品之間的溝通樞紐，控制著消費者買什麼，不買什麼。媒體的直接權力是通過使民眾「知曉」，來決定民眾的態度和行為；民眾態度產生的壓力——往往也通過媒體傳達——迫使有關方面做出相應調整，則是媒體的間接權

力。

輿論

傳統道德支配的輿論曾迫使無數人放棄個人意願，甚至惡人也要戴上道德面具。人結成社會，以相互認可的準則爲依據。道德把具體的個人依據合併爲公共依據，簡化爲明確統一的道德命令。輿論權力正來自這裡。輿論沒有強力因素，不能直接進行制裁。然而從溝通角度看，輿論能決定人與其他人的溝通。不順從輿論，就會受到他人防備和排斥，堵塞溝通，處處受挫，最終一定影響實質利益。正因如此，多數人不能不小心翼翼地防範輿論譴責，這種強制性正是來自溝通。

宗教

宗教組織的權力與世俗組織的權力類似。但是神職人員對宗教組織外的信眾往往也能說一不二。雖然神職人員不是世俗社會溝通結構的樞紐，但他們充當信教者與神界之間的溝通樞紐。離開「樞紐」，信眾就成了「迷途羔羊」；違抗「樞紐」，則會淪入「地獄」。在這方面，信眾與「天國」直接溝通的困難程度，亦即對間接溝通的倚賴程度，甚至超過世俗社會對溝通樞紐的需求。僧侶對信眾的權力便源自對這種溝通的掌控。

3

權民分離

【本章提要：本應服務於民眾的間接溝通結構，利用對溝通的
掌控，不容民眾對其溝通，只按自身需要溝通民眾，權力由此
與民眾分離，為當權者私有，溝通結構異化為權組織，民眾成
為被組織的無權者。】

溝通的異化

從權力向前追溯，進入溝通領域，可以看到權與民分離並非是天然，在那裡本是一體。早期人類的小規模氏族，首領出自氏族成員推舉。可以相互充分溝通的氏族成員看得到權力實施的細節，隨時發現不公。首領須得到多數成員認可，決策和分配要被群體接受，所作所爲要徵詢成員同意……亦即在權力溝通成員時，成員也能溝通權力，權力只是作爲溝通工具履行功能。

隨社會規模擴大出現間接溝通結構，氏族聯合爲胞族，推舉負責調節氏族糾紛和主持共同活動的胞族長；胞族聯合成部落，由氏族首領和胞族長推選部落頭人，氏族首領和胞族長共同議事；形成的部落聯盟則是由部落頭人選舉產生軍事首領或酋長，並設議事會——人類學家描述的這種早期圖景，和本文將談的「遞進自組織」頗爲類似。

直到這種間接溝通結構成爲日常狀態，溝通樞紐便成爲固定角色。當部落或部落聯盟的命運越來越取決於對外戰爭時，有軍事天賦和功績的首領就很難再被選舉罷免，日益成爲被崇拜的卡里斯馬（Charisma）——「魅力型權威」。在普通部落成員不能參加聯盟會議的情況下，當首領告訴他們需要打仗或者需要交易時，他們無從參與意見。在部落命運越來越取決於

對外關係時，能替代去世老首領的，除了長年陪同其參與對外活動的首領之子，誰還有足夠經驗和人脈足以擔起部落命運呢？於是有特權且世襲的階層就這樣脫穎而出。

當間接溝通結構上的樞紐不僅成為固定職位且被固定的人把持時，溝通結構就開始與民眾分離。那些把持溝通樞紐的人會有意把間接溝通的層次和不斷細化的專業分支當作藏身壁壘，製造複雜，不讓民眾搞懂，以切斷民眾對自身的溝通，不受民眾制約，其上位不再通過民眾，權力則用於為個人和家族謀利。

當溝通隨著規模擴大和層次增加越來越複雜時，民眾日益失去把握能力。不再像氏族分配獵物那般一目了然。當社會分配沿著無數環節的鏈條千迴萬轉地通向金融系統、銀行機構、法律體系、國際貿易、市場起落……不知哪個環節的哪個官吏躲在天書般的法典或成噸帳本後面舞弊，有誰看得見，又有誰能查明？門路繁複，文牘浩瀚，疊床架屋的機構、互相虛與委蛇、辦一事蓋上百個章的官僚程序……縱向隔層與橫向機構的交錯使複雜又加複雜，圈外人只能望洋興嘆。

在溝通結構與民一體時，溝通是為滿足民眾需要；當溝通結構與民分離後，溝通變為滿足權力的需要。原本是社會工具的溝通結構成了社會主宰。溝通結構與民眾的分離，根本標誌就是民眾失去對溝通結構進行溝通的可能，只剩權力對民眾的

單向溝通，即自上而下的統治。

不同領域有不同的權力，除了政治權力，還有經濟、社會、文化等方面的權力。那些權力分散於不同的企業、媒體、社團。本文對權力的討論雖然對其也適用，但不是本文重點所在。本文主要討論覆蓋整個社會的溝通結構──國家權力。

馬基維利（Niccolò Machiavelli）將國家從上帝那裡還原為人造的權力組織，到霍布斯、洛克（John Locke）、盧梭（Jean-Jacques Rousseau）形成契約之說，近代政治解釋國家起源的主流觀念一直是契約論。但除了少數國家的立憲汲取了契約論因素，歷史上的國家起源如果真有契約，也是權力之間的契約，而非民眾之間的契約。國家的產生與其說是為公，不如說是出自當權者的私營和共謀；不是為了防止惡，而正是惡的產物；不是服務民眾，而是控制民眾；不是為維護和平，反倒是為戰爭和征服。

從溝通角度解釋國家性質可以包容其他理論，因為不管國家以何種方式產生和運作──即使是以契約，也離不開溝通。國家產生的過程是權力與民眾分離的過程，是形成權組織和被組織的過程，當民眾只能被組織，而組織民眾的權組織覆蓋在相對固定的領土上，即成為國家，該權組織即是政府。

政府是最大的權組織，在登峰造極的專制國家，政府統治一切。即使是自由國家，其他權組織也無法與政府比肩。

權力私有 —— 溝通結構不容溝通

溝通結構本是爲社會而生。社會溝通最重要的內容之一，本應是民眾對溝通結構的溝通。那種溝通包括瞭解溝通結構的運行，熟悉溝通樞紐（即當權者）的人格與能力，洞察其實施權力的意圖；同時能對當權者進行監督，提出要求，並能串聯其他社會成員對當權者表達反對乃至進行罷免。

早期氏族成員有溝通首領的能力。當社會規模擴大，出現間接溝通的層次，首領便有了利用層次切斷民眾對權力溝通的可能。「溝通樞紐」是有血有肉的人。人性自私的主要體現是私人佔有。迄今地球上一切可分割的都被據爲私有。既然離開溝通社會便不能運轉，如同離開石油汽車無法開動一樣，爲石油不惜發動戰爭的人怎會不把驅動社會之車的「石油」攫爲私有呢？

當權者利用間接溝通的分層作爲掩護的謀私還不屬於權力私有，如同有人乘月黑風高到公有土地偷了玉米，土地公有並未改變。使權力眞正成爲私有的是權與民分離，權力成爲獨立的一元，才使之可被私有。

權民分離的標誌是溝通樞紐變成自上而下任命的官員。溝通結構與權力結構的區別在於，溝通結構是一體的，「上」產生自「下」，不會與「下」斷裂，否則無從產生；而權力結構

從上向下任命，到達不需要任命也無從任命的民眾時，社會就斷裂爲有權和無權二元。

談到權力私有，人們首先想到的是終身制、寡頭政治、腐化墮落等。那當然是權力私有的特徵，但若僅局限於此，會遮蔽權力私有的實質。因爲權力私有也可以不露兇殘，當權者甚至力圖無私地使用權力。權力是否私有，衡量在於民眾能否對其溝通。當權力進行的溝通不是按照民眾意願，而是按照當權者的意願——即使那意願是「爲人民服務」，權力也是當權者私有，不過是用私有的權力做「好事」，而且一定只會進行有利當權者的溝通，禁止不利當權者的溝通。

權力私有也不等於終身制或世襲制。「一朝權在手，便把令來行」。不受民眾溝通的權力，哪怕只掌權一天，權力就一天歸其私有，其第二天即遭罷免，也只能說從一個人的私有換成了另一個人的私有。

專制在於限制溝通

專制之所以成爲專制、並能做到專制，主要手段就是切斷社會對權力的縱向溝通，以及控制社會內部和權力內部的橫向溝通。以選舉爲例，專制統治者看上去並不剝奪民眾投票權，不造假票，有差額候選人，也搞秘密投票……其專制從哪裡來

呢？即在其對溝通的限制——關鍵是限制競選。

　　大規模人群的選舉，競選是候選人與選民溝通的唯一方式。個人的口頭表達對大規模人群影響甚微。競選需要的溝通是兩種：一是借助間接溝通的結構，如政黨或競選組織；二是借助溝通媒介，如報紙電視。專制權力則禁止「非法組織」，把媒體變成「喉舌」，有「選」無「競」，讓選民只能在專制者給出的名單上挑揀。那樣的選舉即使給出再多差額，也等於是專制者的任命。

　　專制權力防止造反的關鍵是控制溝通。切斷民眾獲取其他信息的管道，只接受其單向溝通的宣傳；用以言治罪鎮壓異議思想的傳播；盡量讓民眾無知無識，彼此隔閡，無法形成共同輿論和聯合力量。任何體制外的溝通結構，哪怕只是規模大些的家族，亦會被視為對體制的威脅而強行拆散。

　　專制權力對社會各個領域，包括宗教、道德、教育的控制，主要也是從溝通角度：限制或把持宗教組織，切斷宗教與真正教義的溝通，變成政權控制教民的溝通；改變不利於政權溝通民眾的傳統道德（如以對黨的忠誠取代對家族的忠誠）；把教育變成清除多元思想的洗腦等。

　　限制溝通不僅用於統治人民，也被用於控制權力。專制權力往往實行垂直管轄，不許下級之間橫向溝通（自古下級官員相互「串聯」都是大忌），也要防止下級官員在轄區形成獨立

的個人溝通。頻繁調動軍隊將領使「將不知兵，兵不知將」，同樣是為避免形成獨立的溝通體系。包括不許在本籍做官的迴避制度，亦是割斷官員在鄉土、親族中形成的溝通網絡。

「分而治之」為專制權謀慣用，就在以「分」切斷溝通，才能製造隔閡，挑唆戒心或敵意，然後利用溝通樞紐的地位，使「分」的各方相互制約，只接受自己溝通，得以成為發號施令者、仲裁者、平衡者……達到「治」的目的。

保密亦是對溝通的限制。專制當權者故弄玄虛，往往是讓人無法瞭解真實狀態，讓下級在雲山霧罩中摸不清全局，從而受其威懾，聽其擺布。

有人對鄧小平六四鎮壓時調動幾大軍區部隊進京感到不解。其實調動那麼多軍區部隊，主要不是為了對付手無寸鐵的抗議者，而是為了在軍隊之間形成制衡。一個軍區的部隊雖然足以鎮壓抗議，但是同一軍區無需通過中央即可自我溝通，容易串聯政變。不同軍區的部隊則只能以中央為樞紐才可溝通。當時各軍區進京部隊交錯部署，相互鉗制，彼此摸不清對方態度和兵力，於是誰也不敢輕舉妄動，加上切斷社會信息進入軍隊的管道（不許官兵看報、聽收音機等），最終使軍隊馴服地執行了鎮壓命令。

在專制權力金字塔上，每個層次的當權者都用上述手法控制下級，也被其上級用同樣手法所控制。他們對下級是主人，

其權力按個人意志行使，也可爲個人牟利，因此屬於其個人私有；但是對上級，他們又是工具，其權力只能是上級意志的延伸，又非他們私有。專制權力結構的每一層都有這種雙重性，只有位於權力金字塔尖的最高統治者，整個權力結構都是其下級，向其負責，才是社會權力的最終私有者。

千年專制權力將限制溝通的技巧發展到爐火純青。尤其在溝通困難的超大規模社會，溝通本來就困難，限制溝通更容易。專制小國之所以政變頻繁，原因之一就在於容易私下溝通。大國因爲溝通不便，專制權力可以在相當長時間堅如磐石。然而一旦陷入動亂，大國不易恢復整合，也是吃虧在溝通困難。

強力源自溝通

權力讓人服從，除了出自溝通程序，的確還需強力保證。一旦有人決意不服從溝通結構與程序，就得由強力出場。然而這與權力出自溝通的結論並不矛盾，因爲說到底，權力的強力同樣產生於溝通。

個人的肌肉、單槍匹馬的武功雖是強力，但只對闖蕩江湖或打家劫舍有用。權力的強力是軍隊、警察、特務機關等，是聯合起來分工配合的人，基礎首先是組織。而組織就是溝通結

構，明白這一點，強力與溝通的關係便已了然。

　　強力與溝通的關係，可以從人數變化看出，人數少時，強力以個人的體力、武功因素爲主，隨著人數增加，便取決於於配合作戰。配合即是一種溝通。人數越多，對溝通的要求越高。溝通效率的不同會導致強力對比發生變化。如美軍的戰力主要體現在現代信息技術保障的各軍種配合上，其任何一個單兵都可以和空中的飛機及海上的軍艦保持暢通聯繫，調動他們的火力爲自己所用。這種建立在充分溝通之上的多兵種協同作戰能力，使其在每一個爆發戰鬥的具體地點總是能把多兵種火力集中在一起，實現以少制多。之所以二三百萬軍警就能壓住十數億烏合之眾，關鍵也是在這裡。專制政權禁止在其之外出現組織化溝通，是明白溝通能夠帶來對抗的力量，乃至形成強力。事實也證明，相互溝通緊密的熟人群體，實施暴力的能力總是比臨時聚集的陌生人群體大得多。

　　強力的另一因素是武器。武器由人研發生產，由人掌控發放，由人操作使用，因此是以人的組織溝通爲基礎。而專制政權對武器的壟斷正是對溝通的控制，切斷民眾和其他力量獲得武器的可能，是導致雙方強力相差懸殊的關鍵。尤其在冷兵器時代之後，掌握什麼水平的武器，決定擁有什麼程度的強力。

　　至於維繫強力的其他因素，經費、情報、技術、培訓等，相當程度都與溝通有關。所以若說權力出自強力，其實等同於

說權力出自溝通。

與職位脫離的溝通

有時出現專制權力與職位分離，隨人而走的狀態，如毛澤東「退居二線」或鄧小平「徹底退休」，都不影響他們仍然是中國最有權力之人的事實。慈禧趙高之流，雖無名正言順之位，也能把帝王置爲傀儡。這種登峰造極的權力私有，從溝通角度不難解釋：在專制社會中，多年充當權力結構核心樞紐的統治者，控制著所有關鍵的溝通管道。權力結構內的下級當權者多由其一手安插，對其有強烈的個人依附性。這時權力結構內的程序化溝通就被效忠個人的溝通所取代，即使其不在位，仍能把持這種溝通。可以說原本屬於職位的溝通被其帶走，繼任者的溝通能力若無法凌駕其上，就只好充當傀儡。由此慈禧可以囚禁光緒，毛澤東能打倒劉少奇。林彪雖把陸海空三軍首腦都換成自己心腹，但毛直接向下面的八大軍區司令「打招呼」（繞過三軍首腦直接溝通），司令們表示「聽從主席指揮」（堵塞林的溝通，等於繳了其軍權），林彪即使想造反也調動不了一兵一卒，最終葬身蒙古沙漠。

即使當時八大軍區司令並不全都真心效忠毛，然而他們難以（也不敢）彼此直接溝通，毛分頭進行溝通，就使他們互相

成為對方的鉗制與威懾。比較毛和林的溝通能力，穩妥的壓寶只能選擇毛。

這種現象不僅高層才有，基層也可見卸任的大小當權者陰魂不散、幕後操縱的情況，同樣是倚仗其在個人「轄區」經營多年形成的溝通網絡。

官僚掌控的溝通

權組織由官員和官僚（政務官與事務官、領導幹部與一般幹部）組成。官僚一般作為官員的輔佐（下級官員往往也被上級官員視為官僚）。隨官員職位提升，輔佐的官僚數量增加，官僚發揮的作用便越大。原本為執行權力意志而建構的官僚機器，會利用所掌握的溝通，變成具有自身意識並能自我保護的獨立機體。

二元社會類似以一個頭腦管理機體上的所有細胞，官僚機器勢必相當龐大，以致誰也無法弄清全貌。這使得官僚機器上的每個零件除了執行規範、完成規定動作外，別的行為都無法預期後果，任何主動性都可能導致未知後果和連鎖意外，因此照章辦事的教條變得至關重要。官僚不將權力機器要實行的功能作為目標，而是把機器自身的運轉置於最高。儘管打破常規的主動性有時更合人情，也能把事情辦得更有效率，但若各個

零件都有主動性，官僚機器就會分崩離析。因此官僚主義是一種對程序化溝通的堅守，是官僚機器保護自身的機制。只有如此，官僚機器才能把複雜性當作資源，而不會被複雜性毀掉自己。這使得官僚主義會像生物本能一樣與權力結構形影相隨。

官僚主義同時是官吏為自身牟利的手段。沒人比官吏更熟悉權組織，在利用複雜性設租和尋租方面，他們佔有得天獨厚的優勢。這促使他們有意加強複雜化，將官僚機器造就成迷宮，且不輕易出示迷宮路線圖。別說民眾弄不明白，就連作為主人的當權者，往往少了僕人引領也會迷失，弄不清迷宮的犄角旮旯裡藏著什麼。

權力意志要通過權組織具體操作——正是這一點決定了專制存在對內失效的可能性。只有在不損害官僚集團利益的前提下，專制者才有對權組織一言九鼎、說一不二的專制性。只要損害官僚集團利益，官僚群體就會用拖延、扭曲、不了了之等手段，在操作中把專制者架空，使其決策無法推動和落實。這是一種物競天擇演化形成的機制。官僚之間在具體問題上有競爭，總體卻是守望相扶的共同體。他們對利益得失敏感，容易形成共識，且無需串聯和組織，利用現成的官僚體系就能默契地共謀。他們的利器就是在充當承上啟下的溝通環節時瞞上欺下——既可以堵塞「上」和「下」對其自身的溝通，又可以堵塞「上」和「下」相互間的溝通；既能利用複雜性為自己謀私，

又能把被發現和受懲治的概率降到最低。官僚之間的密切溝通所形成的庇護網絡，往往使高層當權者消滅腐敗的努力完全徒勞。即使看到官僚機器的問題，因爲複雜性導致的牽一髮動全身，也只能頭痛醫頭、腳痛醫腳，最終使得官僚機器更加盤根錯節。

4

人與正義

【本章提要：追求個人意志的滿足是人的基本性質，正義則是所有社會成員對這種追求的平等節制──即不扭曲他人的個人意志。只有自組織狀態下個人意志的向量求和能實現這種平等的節制。】

何為正義

歷史上的當權者儘管以君權神授、奉天承運爲自己確立合法性，壓制挑戰，仍然避免不了權力爭奪。對於神授說，血統最重要，讓外人最少有挑戰的資格。然而血緣內照樣爭權。同一血統中，神到底把權力授予誰就變得沒那麼確定。這時另一種標準——正義與否——就被當作合法性根據。血緣之外的人更是只能以正義爲名才可取而代之。正義用天和神是解釋不清的，因爲誰都可以如此自我加冕。既然權力體現爲統治，而統治對象是人民，正義與否就只能歸結到權力給人民帶來幸福還是痛苦。

這除了是邏輯，也是功利。當權力爭鬥勢均力敵，最終勝負往往就在民眾的選擇。因爲從溝通角度，能否溝通順利取決於被溝通對象的配合，進而決定權力的有效性。在只有一個權力體系統治時，民眾沒有其他選擇，看上去似乎順從，但只要出現選擇，民眾作用便會立時凸顯。權力除了其所把持的溝通，其實一無所有，資源和兵源都只能利用溝通取之於民。當民眾有了選擇，自然會向得民心的一方傾斜，使其溝通得到擴展，由弱變強，失民心一方則反之。孟子對此種功利得失算得清楚——「得道者多助，失道者寡助。寡助之至，親戚畔之。多助之至，天下順之。以天下之所順，攻親戚之所畔，故君子

有不戰，戰必勝矣。」正是這種民眾定勝負的力量，使權力爭
奪者總是打出為民爭權的旗號，反過來當權者也要表明自己愛
民。權力對「民可載舟亦可覆舟」的利用與擔憂，演化成民為
上的正義觀。

　　幾乎每個社會都存在民為上的正義觀，然而「民」的概念
在中國比較抽象，更接近倫理。西方出於個人主義，「民」被
視為個人的集合，正義觀從個人出發，發展出引領西方政治理
論數百年的契約論。契約論去掉統治者的天道和神授光環，將
其降格為契約執行人。霍布斯指出君主的任務是保護人民的生
命安全；洛克進一步提出權力須經人民同意，以不可剝奪的個
人權利為政府權力劃定邊界。盧梭更是提出人民主權為最高權
力。在契約論中，個人是主體，是形成國家的基礎，國家只是
用於實現個人權利。

　　對契約論的批評認為其雖是有說服力的價值觀和解釋方
法，卻無法具體操作——大規模人民無論如何不可能真的相互
簽訂和執行契約，因此契約論只能作為一種虛構的比喻。人民
是一個類似政治神學的空泛概念，離不開代表者，極權主義便
可以趁機以人民代表的名義登堂入室。馬基維利和霍布斯的理
論被極權主義利用還容易理解，因為他們的著眼點就是期盼透
過強大政府的管控，避免一切人對一切人的戰爭。而「公意」
變成極權主義的口實卻非盧梭本意。作為徹底且激進的民主先

驅，盧梭被極權統治者供奉於廟堂，正是因爲缺少操作方法，越漂亮的理論越可被極權者當作華麗外衣。

盧梭、洛克都談到人民可以推翻違反契約的統治者或禍害人民的政府（這種人民權利被寫進後來的美國獨立宣言），以此作爲保證契約的根本手段。但同樣卡在操作上。當統治者一口咬定自己代表人民時，那個宏大壯麗的人民在哪呢？如何聽到他們的聲音以及確認他們對政府的不滿呢？更別說人民如何才能把推翻政府的權利從倫理層面轉到具體實現。因此，必須找到實實在在的正義，而非僅有契約的抽象意念，才能讓極權主義從其竊取的外衣下現形。

其實只需從契約再往前追溯一步，便能在溝通的堅實地面讓正義扎根。溝通和契約沒有矛盾，但二者有順序的先後。溝通在前，是形成契約的前提和基礎，無契約可以有溝通，但是無溝通一定不會有契約。說契約而不說溝通是本末倒置，註定是無法操作的意象。霍布斯描述的社會契約和盧梭描述的公意都如空中樓閣，看著美妙，卻不知如何形成，以及在現實中存身何處，因而成爲極權者任意編造的玩物。從溝通入手卻不同。溝通是不能被代表的，因爲溝通是實實在在的存在，人人對其一目了然。契約的制定需要溝通，契約實現的前提也是溝通。若眞能充分溝通，人民自然會成爲實體；而沒有相應的溝通，人民只能是空洞概念，自稱的「人民代表」更不可能眞實。

僅此一點，便可戳穿那些想方設法限制民眾溝通的專制者，暴露出其是人民公敵的面目。

如羅爾斯（John Rawls）所說「正義是社會制度的首要德行」，契約是為了實現正義。沒有正義，人類不會有和平，社會也不會有安寧。正義是一切思想首要解決的題目。而從溝通入手，讓契約從理念變成現實，才能讓正義切實立足，實現契約理論家的理想。

明確了從溝通入手，還需繼續向前追溯，找到溝通的正義基礎是什麼，以及達成正義的溝通應從哪裡起步？在溝通起點就找到正義，才能透過溝通過程達成正義。

人的基本性質

這節題目犯了「宏大敘事」之忌，卻不能不談，因為尋求正義需要針對人的本性。社會正義是滿足社會成員的共同本性，平等是這種滿足的前提。這又涉及什麼是平等，以及如何衡量平等的實現。由權力推行平等會喪失自由，只能通過民主實現平等。而自由和民主又與人的本性分不開，因此無論如何需要回答人的本性是什麼，以及如何滿足的問題。

諸多關於自然法的討論對此都有論述。對於本文，只需一個憑常識可理解的結論就夠了——人的基本性質即是不斷追求

自身更好的生活。

這雖是一句白話，其中每個詞都要界定。首先什麼是「更好」？不同人對好壞的判斷別如天壤，但肯定沒人把饑餓、寒冷或生病視爲更好。在基本生存的溫飽尚未滿足時，每一點客觀條件的改善——食物增多、住房改善、安全加強——都是非常明確的更好，且有量的確定。即使人已溫飽，在以物質滿足爲基本價值的社會，更好的含義也相當明確——國民生產總值、勞動生產率、人均收入、福利指標、就業率……「增長」就是「更好」。衡量個人的更好則是工資額、消費額、住房面積、壽命、存款數等。在物質的世界，「更好」始終從物質角度衡量。

但是人有精神世界，隨著溫飽滿足，精神越來越變得廣闊和有主導性。一旦進入精神世界，「更好」就失去共性，判斷也變得模糊。人和人的追求各不相同。有些觀點力圖把這些千差萬別歸結到經濟基礎與後天實踐一類客觀差異，然而精神是文化發展的造物，遠不是僅僅反映客觀的鏡子。在人的基本性質中，「生活」一詞所指內容也會發生質的變化。當人的精神屬性超過物質屬性時，「更好」就不能單純用物質衡量，「意義」成爲更重要的來源。

這時會出現一個矛盾，當人以意義爲生活目標時，會表現出超越自我的捨己和爲他，人的基本性質中的「自身」二字似

乎就站不住腳了。獻身者、苦行者、自找苦吃的冒險家孜孜以求的獻身、苦行和險境難道是「更好」嗎?那些為他人犧牲的人是為「自身」嗎?雖然那種人只是少數,但哪怕只有一個人與「不斷追求自身更好生活」的性質違背,就可以證偽人的基本性質。

對這個疑問,邊沁(Jeremy Bentham)的「自利選擇原理」和馬斯洛(Abraham Harold Maslow)的「需求層次理論」都可解釋。但是用本文使用的概念──「個人意志」解釋,會更符合本文的邏輯。這裡避開哲學層面的討論和定義,只在常識意義上使用意志概念──廣義上,意志是人依照擁有的條件自覺地確定目標、支配行動、實現願望的精神驅動過程。意志由判斷、目標、決定(選擇)組成。意志的活動過程往往先是由判斷感受到不滿,繼而樹立追求的目標,做出決定,通過行動達到目標以得到滿足。採用「個人意志」的概念,可以給人的基本性質中的「更好」找到更普適的定義──「更好」即是個人意志得到滿足。

不同個人意志追求的「更好」可以不同,但那「更好」會使他們的個人意志獲得滿足卻人人相同。因而與其說人是在追求「更好」,不如直接說成是在追求個人意志的滿足。當人們追求從藝術創作到總統職位或美滿家庭那些各不相同的目標時,最終要得到的其實是彼此相同的精神滿足。因此,「更好」

的本質不在具體目標的實現，而是個人意志得到滿足。

這不僅適用於人的精神追求，也適用於人的物質追求。一個人的饑餓儘管是生理感覺，卻傳遞到他的意志中，使生理要求同步成為意志要求。吃飽即是個人意志滿足，「更好」即得到實現。而當人企望擁有高級時裝或豪車遊艇時，更是出自意志而非生理。

引進個人意志的概念，可以把人當作能動的精神體對待，而非當作只有本能反應的生物。人的基本性質——「人不斷追求自身更好的生活」，由此可描述為——「人不斷追求個人意志的滿足」。後面這個定義是本文所有邏輯的起點。

人的基本性質中的「自身」一詞已經包含在「不斷追求個人意志的滿足」中，因為「個人意志」只能屬於「自身」，因此人不斷追求的「更好」只能是為自身「更好」。雖然對個人意志而言，「更好」並不局限於物欲滿足，有時甚至要付出犧牲。但哪怕是捨己為他，從個人意志的角度來說，也是在追求其個人的滿足（信仰或原則）。人同時有肉體生活和精神生活，兩種生活都有對「更好」的追求，有時相同，有時可能不同。當理想、信仰或道德倫理一類的精神追求成為個人意志的主導部分，即成為人判斷自身生存狀況和樹立目標的主要依據時，人對肉體「更好」的追求就會下降到從屬地位。如果肉體的「更好」與精神的「更好」發生衝突，儘管他們不會把肉體痛苦或

犧牲生命當作享受，但若爲肉體背叛理想，放棄精神追求，卻
會是更大的痛苦。以個人意志的滿足權衡，就可能寧願接受肉
體折磨甚至死亡，也不願放棄精神的「更好」，去陷入心靈的
苦悶與沉淪。這也就是邊沁所說的：什麼是快樂、什麼是痛
苦，每個人自己最清楚。「更好」的具體內容可以截然不同，
獻身、犧牲、痛苦都能在一定文化根基上成爲「更好」，但「爲
自身更好」是人人相同的，且不會改變。因爲「更好」的具體
內容只是人的基本性質所施加的對象，「爲自身更好」則是人
的基本性質本身。

　　有了個人意志的概念，人的基本性質中的「不斷」一詞也
就不難解釋。意志是活動和變化的過程，如果不樹立新的目
標，過程便會失去延伸的可能。這就是人總是不滿、求變、喜
新厭舊的原因所在。「更好」只有在尚未實現時才是「更好」，
一俟變成現實，即使「好」，也沒有了「更」。「更」總是在前面，
因此追求「更好」便只能「不斷」。這可以看出人的基本性質
存在一個悖反 ── 追求滿足卻又永遠得不到最終滿足。正是在
這種悖反中，人的基本性質才會產生永恆張力，把追求變爲無
止境的過程，成爲推動社會不斷發展的動力。

　　動物有滿足，人沒有滿足。曾經二者大同小異，都沒有房
子，不穿衣服。但是今天豬仍然是豬，吃飽了就睡，而人建立
了聯合國，登上了月球。不斷的不滿導致不斷的進步，使得人

類越飽暖越奔忙，越富有越貪婪，越探索越無知，越加速發展越恐懼落後。可以說，今天人類擁有的一切，歸根結蒂都出自人的基本性質，包括剝削、專制、欺詐、相互殘殺等醜惡事物，也是人的基本性質所驅動。

個人意志是自身個別意志的向量和

在現實中，個人意志並未顯示爲完整一體，而是分別針對不同的具體事項，存在著不同的具體意志，可稱「個別意志」；一個人總是同時並存許多個別意志，其個人意志是由所有個別意志合成。那種合成不是簡單的疊加，而是一種向量求和。

與只有大小的數量不一樣，向量有大小又有方向。向量求和除了對大小求和，同時也對方向求和。例如某人反感警察對其進行違章罰款的個別意志，與其抱怨交通秩序混亂的個別意志，二者向量求和的結果不會是選邊站，而會因爲有了對方向的求和形成兼顧。雖然仍是追求自身的更好，卻會站在更高視角，從就事論事的層次提升到追求較全面的「更好」。

每個人對個別意志的向量求和是可以在其頭腦中自發完成的，雖然那過程不一定被其意識，也不一定顯現。現實中很多情況下，當事人針對不同事項的態度顯得矛盾甚至分裂，既不

能清楚表達自己到底要什麼，更不知道應該捨什麼，完全看不出存在著向量求和。一般而言，多數人只知道自己所針對具體事項的個別意志，不知道自己的完整個人意志。但是卻不等於完整的個人意志不存在。人在說不清楚自己到底要什麼的時候，往往是因為無法決定捨什麼，或者說因為什麼都不想捨。然而人總是會知道在每件事上自己不要的是什麼，那就足以進行個別意志的向量求和了。只要當其面對現實必須做出選擇時，到底要什麼和寧願捨什麼便會在其不要什麼的迫使下變得明確起來，進而完成向量求和。其實那種向量求和的結果（即完整的個人意志）在此之前已經存在，只是沒有變成當事者清楚的自我意識而已。

完整個人意志既然是個別意志的向量和，一定比參與求和的個別意志中性、均衡，更樂於看到多贏，因此更為理性。還因為現實事項林林總總，舊去新來，時刻變化，多變量造成的複雜性使得當事人不可能完全預測與控制。與「無知之幕」相類似——當沒人能確定自己在所有事上都會佔優勢，便會導致「最大化最小值規則」(maxi-mini rule，即讓處在最不利地位者最大化在該地位可能得到的利益）的向善趨向。當然有相反情況。那種自信可以在所有事項都佔優勢的人（往往因為把持權力、財富或暴力），其處處霸凌或算計他人的個別意志通過向量求和，形成的個人意志從整體上也是惡的，即通常形容的

「壞人」(其人性善往往只體現於諸如對自己孩子的那類個別意志上)。但因為把持權力、財富或暴力的人只能是少數，社會進步的方向最終還是由多數人的向善決定。這是後話。

　　明白個人意志是個別意志的向量和，就會得出一個重要結論——個人意志是不可被分割的。因為針對具體事項的個別意志在與其他個別意志進行向量求和後，會被修正、相抵、甚至捨棄，所以單獨抽出某人的某個個別意志，宣稱就是其個人意志，必然是不準確或偏激的。如果再擴展到以眾人皆有這種個別意志，因而宣稱是民眾的意志，偏離就會更大。即使人們針對具體問題的確表達了那種個別意志，卻不是完整的個人意志。例如單獨針對私人汽車，多數人當然願意自己的車更大更好，反對燃油提價和增加稅費，但不能認為那就是民眾對私人汽車的整體態度，因為人們同樣希望有好的空氣，安寧的環境，以及留給後代未遭毀壞的生態。將人們的所有個別意志向量求和後，結果一定會對私人汽車的發展有所節制，做出不同的選擇。

　　因此，看待個人意志必須是在向量求和後的完整形態下，不能被向量求和前的個別意志所迷惑。尤其要防範那種對眾人特定個別意志的抽取，再在民主的旗號下進行疊加，當作合法性。善意解釋，那是因為迄今的民主方法只能數量求和，只有抽取針對相同問題的個別意志，才能簡化為可統計的數量；從

壞的方面考慮，那種爲我所用的抽取，很多情況下其實是對民
主的故意扭曲和操縱。

個人意志的邊界

人是社會性的，個人意志中的大部分內容主要針對人與人
的關係。強調人的基本性質是追求個人意志的滿足，目的不在
重彈人性本惡的老調，而是把人的爲己當作天然屬性。沒有這
屬性，社會便無規律可循，找不到構建依據。包括什麼是正義
也會變得茫然。因爲人若是爲他而不爲己，其所爲的他人也是
爲他而不爲己，那種爲他便是人家不需要的。而爲己若是被視
爲惡，爲他者去爲爲己者，就成了善對惡的付出，意義何在便
成了問題。而從滿足個人意志的角度，卻可以同時容納爲己和
爲他，避免尋求正義的困惑——惡不在爲己，只在損人，不損
人的爲己不是惡，若能在爲己的同時有益他人，就是善。

這就涉及到個人意志的平等和邊界。對於同一個人，其個
人意志針對不同事項的向量既有方向不同，也有大小之分——
主次、輕重、緩急……是可以不同的。但是在人與人之間，財
富權勢有大小，個人意志卻無大小。每個人的意志都是完整的
世界，是唯一的，基本的，不可替代的，都要追求個人意志的
滿足。在這一點上，每個個人意志都一樣，沒有任何區別。這

種平等可被視為天賦人權。

當人組成社會時,共處的個人意志須按照這種平等保持彼此邊界,既不構成對其他個人意志的侵犯,也不遭受其他個人意志的侵犯。邊界即是一種節制。所謂的平等從抽象進入現實,只有在構成相互關係時體現,個人意志的邊界也只有在與他人共處中才能找到。

自由不是不受限制,人不能飛,不能不吃,不能穿牆而過,都是限制。最重要的節制是人與人之間形成的邊界。意志沒有邊界會趨向發散無序,不斷分裂,從而找不到自己。而在人與人的共處中選擇所要與所捨,形成彼此的邊界,知道節制在哪裡,才會由節制的界定形成明確的個人意志,找到自己。

自由一定有邊界,也需要節制,但節制應該對所有人相同,不能一些人節制,一些人放縱。在這個意義上,平等就是人人有同樣的節制。節制與控制不同。控制是自上而下的,有主宰,靠強制,控制者與被控制者之間自然無平等。節制是出於自我,非他者施加和強迫的自制。問題在於人們是否會自覺地節制?節制到什麼程度?按照什麼標準?如果有人不節制又該怎麼辦?平等的節制雖出於自我,卻非靠自覺,而要靠機制的約束。至於機制是什麼,如何建立,怎樣執行,正是本文要解決的。

平等的節制

所有社會成員平等的節制，前提一定是公平正義。如果不是人人平等的節制，就一定是一部分人控制另一部分人，被控制者就不會、也沒有理由節制。

對平等最多的質疑，是它和自由的不相容。要對人與人的千差萬別實現平等如何可能？以往從起點、機會或結果等方面解決不了真正的平等，甚至造成權力壓迫，在於入手點就是錯的。而若拋開千差萬別，只從滿足人的基本性質——即個人意志的滿足上尋求平等，便清楚和簡單得多。

既然自由不是無限制，只要是被人認可並接受的限制，就不會認為是不自由。個人意志的滿足也是如此，沒人認為為所欲為才是滿足（哪怕皇帝也知道無法摘下太陽當燈用）。既然不能沒有節制，人們可以共同接受和認可的節制，就是不去扭曲他人的意志——己所不欲勿施於人。如果每個人都有這種節制，就同時保護了自己的意志不受他人意志扭曲。當人們的個人意志都不受他人意志扭曲，便是既實現了平等，又實現了自由。

全民平等只著眼於這個意義上——平等的節制。其他方面則既不要求平等，也不可能平等，因為不同的個人意志所追求的滿足千差萬別，本不該也無法用相同的尺度去衡量。那麼平

等的節制怎樣才能建立呢？

只要置身共同體就有對個人意志的節制，也需要劃分與其他成員的邊界。當共同體內每個成員都接受與其他成員的邊界，認可邊界是公平的，願意遵守，就是平等的節制。

在節制個人意志上尋求平等，必須保證共同體是可以充分直接溝通的範圍，亦可稱「經驗範圍」；還需要經驗範圍的所有個人意志共同參與。平等不是外在的規定，而是出自個人意志的自我判斷。人的基本性質使得共同體每個成員總是既要擴張自身意志，又要抵制其他成員意志的擴張。人與人的邊界就是在這種擴張和抵制擴張下形成的。只有在人與人能夠充分直接溝通時，才能讓每個人都認識到己所不欲勿施於人的公平邊界在什麼位置。

這種邊界不是恆定的，必須時刻調整，因為共同體是活的，針對多種變化和選項的公平邊界也需是活的才能保持公平。個人意志在此過程既是目的又是手段。作為目的，個人意志知道什麼是自己所追求的滿足；作為手段，唯有共同體內所有個人意志的相互溝通和隨時調整方能掌握這種動態。

僅靠每個成員的自覺建立這種平等節制當然過於理想化，也不能靠外來的控制，而是經驗範圍內產生一種自生自發的制約：如果有成員試圖超越與其他成員之間的平等節制，侵犯或扭曲他人意志，其他成員便會對其採取分頭抵制或聯合杯葛、

直至將其逐出共同體的懲罰（充分直接溝通的協商會使採取的措施和分寸恰到好處）。人加入共同體是因爲可以從中得到利益或滿足。沒人能孤立地存在，當其遭遇的反制對其自身的不利大於其從越界得到的好處時，理性便會使其回到合適位置。

契約論讓每人交出權利，委託給主權者，以避免紛爭。其實應該相反，不是交出權利，而是所有人始終牢牢把握自己權利，透過充分溝通，以便在人人追求個人意志滿足的互動中構建平等的節制，才能眞正消除紛爭。

至此只說到經驗範圍內實現平等的節制，可以通過自然狀態下的己所不欲勿施於人達成。但對社會而言，更需要解決的，是在大範圍乃至全社會實現平等的節制。具體用什麼方法，將在有關遞進自組織的章節談論。

正義是所有個人意志的向量和

表面上，個人意志的平等可以體現在數量相等上，如表決的一人一票。但是世間本無一模一樣的個人意志，每人對事物都有不同看法，理論上可能指向三百六十度球面的任何方向，而非只有表決的 yes/no 兩個方向。因此，始終需要將個人意志與向量屬性捆綁在一起，把不同個人之間通過充分直接溝通尋求平等的合作與節制，視爲向量求和的過程，達成的結果便

是不同個人意志的向量和。

　　三百年前牛頓提出的平行四邊形法則仍能最直觀地說明個人意志的向量求和。下圖的箭頭線段表示向量，長度代表大小，箭頭表示方向。從天賦人權的角度而言，個人意志的大小是一樣的，只是方向不同。先以兩人的個人意志向量求和為例，兩條長度相同、方向不同的線段，其向量和為二者所構成的平行四邊形的對角線──對角線的長度為向量和的大小，箭頭所指為向量和的方向。

　　向量和當然也是向量。兩向量的夾角（即分歧）越大（圖5），向量和越小；夾角越小（圖6），向量和越大。

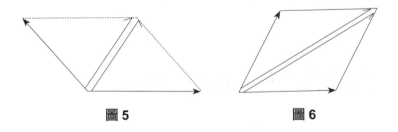

圖5　　　　　　　　　　圖6

　　向量求和的價值在於二者不管分歧多大，哪怕是一百七十九度，也構成平行四邊形，儘管能得到的向量和非常小（圖7是比例不準確的示意）；而二者不管分歧多小，哪怕只有一度，同樣構成平行四邊形，且向量和就在一度的中間（圖8）──只要是按平行四邊形法則求出的向量和，永遠是

在兩個向量的中間位置，即通常所說的折中。

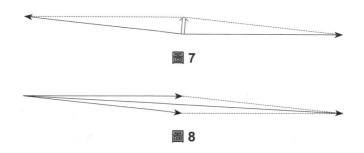

圖 7

圖 8

　　平行四邊形只是比喻。但是在「無知之幕」下，雙方考慮互換位置的可能，不以損害對方而以奉行「最大化最小值規則」的方式追求滿足，被雙方共同當作最好結果達成的求和，因此的確會像精確的對角線那樣恰好公平，既是雙方的合作所在，又是平等的節制所在。

　　進一步考慮多個向量的相互求和，只需按照同樣方式擴展：讓兩個向量求出的和（亦為向量）與第三個向量構成平行四邊形，對角線便是三個向量的和，再與第四個向量構成平行四邊形，對角線是四個向量的和……直至求出所有向量的和。

　　現實當然不會如此機械，一個群體總是在交叉地相互溝通與求和。而多個向量同時求，前提是所有參與者都能充分直接溝通，既能準確地表達自身個人意志，又能準確地瞭解其他參與求和的個人意志，才能在互動中不斷趨近平行四邊形對角

線。

　　正義存在於人與人的關係中，不是居高臨下的道德信條，是對所有人形成「平等的節制」。在群體關係中，能夠讓個人意志持久滿足的，不是自己佔了他人便宜（那會造成他人不滿而不利自身），而是大家都不佔便宜，每人得到不多也不少的份額，做出不多也不少的讓步。只有個人意志的向量求和才能找到並動態跟隨這種精確位置，並被所有參與求和者認可（或是在群體的制約關係中不得不認可）。因此可以說，對於共同體而言，正義即是共同體內所有個人意志的向量之和。對整個社會而言，正義即是所有社會成員個人意志的向量之和。

　　從「無知之幕」回到現實，向量之和不一定讓群體內每個成員都滿意。一是在沒有形成「向量文化」前，總是會有人力圖佔便宜，比別人得到更多；二是向量求和將矯正歷史的不公，消除以往通過損人而固化的利己，被減少了多佔的利益的人會因此不滿，可能造成僵局或衝突，使公平界線和平等節制無法達成。

　　解決方法是開放自由流動，不接受向量和的成員可以離開共同體，用腳投票，或自己另組、或參加對其更合適的共同體。這類似美國鄉鎮自治的理念。同時要看到生活是複雜的，即使能自由選擇，人們也面臨諸多羈絆，須權衡取捨，絕非一走了之那麼簡單。在開放自由流動的情況下雖不滿仍留下，說

明權衡結果是留下比離開對自己更有利，因此是其相對的滿意。在不可能隨心所欲的世界中，滿意只能是相對的，所以只要是在自由狀況下做出的選擇，就是個人意志的滿足。

同時，如果某些成員離去會對共同體整體利益造成較大損失（如帶走資本），共同體內其他成員是能夠認識到的，從而在向量求和過程中做出權衡，對歷史不公的矯正保持在不使那些成員離開的幅度。經驗範圍內充分直接溝通的互動，總是可以恰到好處地找到維繫共同體最佳利益的平衡點，同時卻不會停止矯正不公，繼續以漸進的節奏走向公平正義。

5

社會意志

【本章提要：社會意志是所有社會成員個人意志的向量和。社
會的基本性質是追求社會意志的滿足。但迄今尚無社會意志實
現向量求和的結構，只有權力意志主導的數量求和結構。社會
意志因此總是被權力意志扭曲。】

什麼是社會意志

社會被劃分爲各種階段、類型、模式與形態……細想是什麼呢？歸根結蒂是所有社會成員具體活動的集合。思想、研究、戰爭、生產、經商、民族形成、國家建立、朝代更迭……基本元素都是具體個人所做的具體事和發生的具體關係。一個奴隸當著奴隸主的面好好幹活，奴隸主一轉身就怠工，再偷吃一個馬鈴薯；另一個奴隸不光不偷懶，還向奴隸主舉報第一個奴隸怠工，將其偷吃一個馬鈴薯說成五個；第三個奴隸暗地裡做了起義準備，寧願犧牲生命。他們對社會發展都起了作用。奴隸起義可能被歷史書寫；無言的怠工對奴隸制解體可能作用更大；巴結者雖卑瑣，卻使奴隸主認識到施恩比施暴更有效，影響權力決策乃至制度調整……滴水成大海，億萬局部的微小動力，最終匯成總體狀況。

社會的所有個人行動匯成社會發展，策動每人行動的個人意志之向量和就是社會意志。

前面的論證對社會意志皆適用，區別只在人群規模的大小。迄今沒有對社會意志進行向量求和的結構，但並不等於社會意志不存在。如同不去數一個籃子裡的 n 個雞蛋，籃子裡的雞蛋數也是 n 一樣；十萬隻螞蟻各按自己的方向搬運一個物體，即使難以計算十萬個微小分力的合力，合力也照樣形成並

最終決定物體的運動狀態。社會意志就是這樣一個最終的向量和。與其比較接近的概念是所謂的「民心」。 當社會多數個人意志在某方面趨向一致，如圖9的A，與之分歧的意志較小（B），社會意志（對角線）的方向與大小近似地等於A。A也就是一般而言的「民心」。

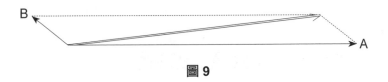

圖9

「民心」其實和「社會意志」一樣，都無實體，卻沒有人說「民心」不存在。史上通篇可見「民心」二字，古往今來無人敢小看。社會意志比民心更精確，近似民心，又不相同。其實更能說明社會意志性質的，並非是其與「民心」（「大多數」）的相近，而是任何少數——哪怕是一個單獨的個體——也會被求和於其中，對社會意志產生作用。儘管作用可能非常微小，但就如一隻蒼蠅落上大橋，理論力學也要承認能使大橋產生變形一樣。社會意志既然是全部個人意志的向量和，每個個人意志就都有相應作用，不分「進步」、「反動」、「左派」、「右派」、「壓迫者」、「被壓迫者」，一概兼容並蓄。平行四邊形的對角線總處在折中位置，社會意志也一定是「綜合」的結果。其大小和方向接近於哪一邊，並非是因為有自身傾向，而是向量求和

的結果。如果說民主更重要的不在體現多數，而在體現少數，社會意志便是最充分地體現這種民主，即使其中一方有壓倒優勢，社會意志也不會與那一方完全一致，一定會把另一方按應得的份額綜合進自身。不是僅出於「有限多數」的理念用法律消極地保護少數，而是其向量求和的過程對少數必然給予的精確體現。

社會意志與「公意」的區別

社會意志可能會被當成「公意」（general will）的另一種說法，二者確有相似之處，但是本文卻是要區分二者、澄清二者的不同。

盧梭使用「公意」一詞，是與其另一個概念——「眾意」相對的：「公意與眾意之間經常會有很大的差別；公意只著眼於公共的利益，而眾意則著眼於私人的利益，眾意只是個別意志的總和。但是，除掉這些個別意志間正負相抵的部分，則剩下的總和仍然是公意。」（何兆武譯《社會契約論》）也就是說，公意是扣除眾意相異部分（即人們的不同意見）後的共同部分。公意認為假若每人皆能無私地行事，公意就是所有人的意志。從這個意義上，社會意志並非是盧梭所說的公意，反而與眾意更接近。

　　盧梭之所以要從眾意中剝離出公意，正是因為沒有考慮向量求和，只考慮數量求和的結果——個人意志的相異部分是無法進行數量求和的，只能對相同部分進行數量求和。但是嚴格講，不同人的意志不會有完全相同的部分，哪怕是自由、平等、公正一類看上去沒有任何疑義的原則，進入實際層面後，也會馬上分歧為千差萬別的理解和標準，更不要說對具體事物和決策的看法。若是去掉個人意志中的私利部分，能進行數量求和的公共部分便不會剩下多少實在內容。而那些空洞原則卻會成為打著公意旗號進行奴役的理由。

　　社會意志與「公意」的區別，在於社會意志是要吸納所有人的不同意見，讓人與人的共同意見與不同意見同時起作用。它不像公意那樣要排除私人利益，反而是把私人利益當作形成社會意志的基本元素，每個人都要從私人利益出發，再從所有的私人利益中求和出社會的共同利益。因此社會意志的基礎是個人主義而非「公意」所要求的集體主義。

　　社會意志之所以能做到這一點，就在於是對個人意志的向量求和。至於如何實現個人意志的向量求和，正是本文要解決的。

社會意志是「正確」本身

一個社會怎麼樣評價，標準是什麼？怎樣算發展良好，怎樣又是受到阻礙？是否有一個可以進行客觀判斷的衡量標準，抑或僅僅是各執一詞的主觀判斷？

國民生產總值、犯罪率、恩格爾係數、平均壽命、文盲比例一類評價指標，可以定量卻過於狹窄，難以反映總體狀況。另一類定性的評價，好或糟、進步或落後、富裕或貧窮、發達欠發達等，又很模糊，結論也隨立場而相距甚遠。

「評價」屬意志範疇，即使是客觀指標，也是由意志選定和建立的。社會既是個人之和，對社會狀況的評價就應產生於社會成員的個人意志之和——即社會意志。

實現主義、增長經濟或發展文化都是手段或結果，不是人結合成社會的目的。人的目的只是求自身生活更好——即個人意志的滿足。全社會所有成員的基本性質之和，構成社會的基本性質——追求社會意志的滿足。

意志的組成包括進行判斷、確立目標、做出決定。儘管不一定全都條理清晰，但是違論自覺不自覺，三個部分都少不了。對於個人意志，「判斷」包括是否滿意自身狀況，不滿的根源在哪？如何造成、能否克服等；「目標」包括想得到什麼，怎樣的生存狀況是其所求，最低願望，最高理想，眼前利益，

長遠規劃等；「決定」包括如何實現目標，計畫安排，行動步驟，根據願望與現實的差距所做的調整與妥協等。一個現實生活中的人時刻在進行判斷，樹立目標，做出決定，哪怕明天去山上砍一捆柴到市場換回一包鹽，也已包括意志的這三個部分。

社會意志同樣有這三個部分，每一部分都可以視為社會所有個人意志相應部分的向量和。一個社會的狀況究竟怎麼樣，根本評價在於社會意志的判斷，即社會所有成員對自身生存狀況判斷的向量和。社會意志滿意，狀況就好；不滿意，則不好。每個社會成員如同在其所處之局部安置的「測點」，所有「測點」組成反映社會狀況的「監測系統」。這種社會意志對社會狀況的把握，可以說全面到無一遺漏的程度。

以經濟為例。經濟行為由人推動，經濟結果由人承擔，經濟關係由人構成。社會成員分布於經濟的每個局部，既是「測點」，又是所處局部的經濟狀況本身。每人對與己有關的經濟任何微小的變化都有明晰且定量的意識——上午農貿市場的菜價漲了五角錢，或買來蓋雞窩的磚質量下降，碎了八塊，還有六塊有變形……——構成個人意志對於經濟狀況的判斷。把全體社會成員的判斷求和在一起，所有那些不起眼的幾分錢、幾塊磚累積起來，就成了整體的社會經濟狀況。其判斷的完整與準確，是世間任何調查、統計、經濟理論、數學模型或電腦網

路都無法相比的。

海耶克反對整體秩序，其強調的「必然無知」對任何組織和個人都是成立的，唯有對社會意志不成立。社會意志對所有「測點」進行求和而成爲全知，對所有局部進行求和而成爲全局。社會意志不僅是正義，而且是正確。

可以這樣看向量求和與數量求和的區別：如警察管制會使人不滿，進行數量求和，不滿的絕對值總是很大，似乎處處抱怨警察；然而進行向量求和卻可能不會推論出社會意志的不滿。因爲作爲向量，不同人不滿的方向不同——罪犯可能不滿法律過嚴，把他判重了；受害者可能不滿法律太寬，把罪犯判輕了，而兩種不滿會被向量求和折中。雖然這是簡單化比喻，現實要複雜得多，但向量求和的本質就是折中。警察管制符合社會利益，一定會被社會意志接受。如果抱怨警察濫權的最終向量和更大，說明警察一定超越了維護秩序的職能，成了壓迫力量。

既然社會存在和發展的意義是爲滿足社會意志，社會意志不滿的就該改變；社會意志希望的就該成爲目標。結論是——最好的社會狀況是社會意志得到充分體現，最好的社會制度是能讓社會意志始終得到體現。

數量求和結構

個人意志是實在的，它承載於人的肉體。社會意志卻非實體，如同沒有加號和等號，數之間的「和」不能說不存在，卻只是隱性存在，社會意志也需要有求和結構的承載才能體現。

前面說過，如果人群規模小，群體成員可進行充分的直接溝通，每個個人意志都能作為向量相互作用，得出的向量之和是彼此經過說服、理解而達成的妥協——即平行四邊形的對角線。然而超出直接溝通限度的大規模人群，個人意志的向量求和就變得困難。可以說，人類從未有過對大規模社會進行個人意志向量求和的結構，且是否需要這樣的求和結構，也未被當作問題提出過。

事實上，有社會就有求和。社會本身就是所有社會成員「相加」在一起，不僅有人的相加、物的相加，也一定有意志的相加。所以，社會本身就可以被看作求和結構。無論社會是否明確地設計了個人意志求和的功能，其運轉也會產生相應的結果。不過，權民分離的社會是「數量求和結構」，不能進行向量求和。

數量求和結構大致可根據求和方向是自上而下還是自下而上分成兩類。前者是專制制度，以統治者的意志為準，自上而下統一意志，把不同個人意志的向量分歧強制縮小為零，在

「一元化領導」下，不容異端地相加成國家、民族、階級、政黨、群眾運動等同質的數量；後者是代議民主制度，自下而上地公決或選舉，給了社會成員說「不」的權利，但仍然是把本來無限豐富取向的個人意志限定於一正一負兩種取向，求和成「是」或「否」、「贊成」或「反對」兩種對立的數量。

事事公決的社會是無法存在的。即使再怎麼民主，多數日常決策也得出自當權者。代議民主主要體現於幾年一次對當權者的選舉，平時仍是由權力自上而下進行數量求和。

真正的民主應是每個社會成員都參與決策過程並能發揮自己的影響，這與對個人意志進行向量求和是一致的。問題在於如何操作？讓每個社會成員對決策輪流發表意見，規模稍大的群體便安排不了時間；讓每個人把意見寫成文字，就算都能寫，該如何分類？如何統計？誰來裁定？最後又如何歸納為兼顧的方案？即使最終能達成方案，早已事過境遷……從操作上，最方便的就是表決。

表決離不開兩種簡化，一是事先提出方案；二是將選擇限定為「是」或「否」。第一種簡化把多向度的個人意志納入同一框架；第二種簡化使之可進行統計。加上少數服從多數的原則，便成為至今大規模社會的主要民主方法。這使成本降低，變得容易操作了，但也脫離了向量求和，變為數量求和。

在社會契約論中，預先提供表決方案的人是盧梭所說的立

法者。盧梭堅持立法者本身並無權力，只是起草和提出法律建議，充當指導者，只有人民自己才有權設立法律。然而從操作上，所謂人民設立法律，頂多是對立法者提出的方案進行表決（現代的「公民創制」也是先有提案再爭取附議），相當於在表決前已由立法者進行了自上而下的數量求和，成爲立法者的「籠中鳥」。而在表決後，人民便又回到權力統治下。主導者始終是權力意志而非社會意志。

數量求和是二元社會的權力對社會實施溝通的基本方式，權力意志是「數量求和結構」的核心與靈魂。在專制程度高的社會，權力意志極大程度可被視爲獨裁者的個人意志或小集團意志，而官僚化社會的權力意志則更多體現爲官僚集團的意志。「數量求和結構」只能圍繞權力意志運轉，權力意志也只有借助這種結構才能進行統治。

數量求和結構中的社會意志

在權力意志主導的數量求和結構中，社會意志也非全然不能呈現。這是因爲社會意志的三個組成部分——判斷、目標和決定，在數量求和結構中有不同的存在方式。

社會意志的判斷可以自發形成

在追求個人意志的滿足上，不同的個人意志是一致的。個人意志的滿足程度和追求過程的滿意與否可被視爲同質的量。甲挨了一棍子，知道疼；乙賺了兩塊錢，心歡喜。一棍子和兩塊錢是不同的向量，缺乏數量可比性，不能在「數量求和結構」中求和。但是挨打不滿意，賺錢滿意，在滿意與否上就有了共性，可以進行數量求和。全社會個人意志滿意與否的求和就是社會意志的判斷。

「數量求和結構」是二元的，一般需要「上」對「下」的操作才能求和，但是社會意志滿意與否的判斷卻不需要借助「上」才能求和。因爲既然社會本身就是人與人溝通的網絡，不管溝通網絡被限定在什麼功能上，個人意志的判斷——滿意還是不滿意——都可以通過那些經濟的、政治的、親友的管道與網絡彙集在一起，在完成其社會功能的同時，自發地相互求和，形成社會意志滿意與否的判斷。

這是社會意志唯一可在任何社會形態下自發求和的部分，看似只是最簡單的部分，卻讓社會意志獲得某種決定力。因爲社會成員的滿意與否不會僅停留於判斷，一定會影響人在日常生活中的行爲。那些行爲同樣無需依賴專門的求和結構，憑藉日常生活的溝通網絡，疊加爲謠言、輿論、民心和壓力，形成社會穩定或動盪的傾向，以及叛亂滋生的土壤或星火燎原的乾

柴。這是社會意志的重要特點。正因於此，社會意志才具有即使在權力意志統治下最終仍能得到體現的主動性。

社會意志的目標取決於權力意志「吻合」

個人意志在生活中有各種具體目標，如把住房從兩間擴大到三間，提高一級工資，懲罰某個貪官等。不同的目標沒有共性，因此不能在「數量求和結構」中求和，無法像個人意志的判斷那樣利用日常溝通的網絡自發求和。社會意志的目標需要通過向量求和才能顯現，那是把不同個人的具體目標綜合在一起的過程，最終形成社會的整體目標。

很多情況下，人們各自追求個體目標，不一定需要求和為社會的目標。但是個體目標的一些內容需要同時確立為社會整體的目標才可能實現，例如自由、平等、公平、正義；另外，諸如發展經濟與保護生態如何協調，戰爭與和平怎樣選擇，實施法治，剷除腐敗⋯⋯具體到老弱病殘如何贍養，生育是否節制，貧窮如何救濟，同性戀能否結婚⋯⋯都得先被確立為社會目標，才有推動和實現的可能。社會意志的目標需要所有成員個人意志的向量求和形成。如果社會沒有向量求和的結構，社會意志的目標雖然存在，卻不能呈現，是「隱性」的。

在權民分離的社會，能顯現的社會目標是由權力意志通過綱領、計畫、法律、政策等確立的。那不是社會意志的目標，

而是權力意志的目標。但權力儘管與民眾分離，倒也並非在所有方面都是對立。作爲社會治理者，權力意志有時會主動地體察、總結和追隨社會意志，如「爲民作主」、「替天行道」、「訪貧問苦」、「民意調研」等。尤其是以革命、政變或競選上台執政的新權力，不管其眞實動機爲何，的確會在一定程度上依據社會意志樹立目標。哪怕只是爲了統治需要或危機倒逼，只要權力意志確立的社會目標與社會意志的目標有「吻合」，社會意志的目標就會相應地得到體現。如果權力意志沒有「吻合」，社會意志的目標就只能是「隱性」的，得不到體現。

數量求和結構中的社會意志無法形成決定，決定只能出自權力意志

一方面，個人決定導致的個人行動最終匯合成社會行動；另一方面，社會作爲整體並非都是自發的個人行動，還需要整體協調與配合，因此離不開整體性決定。

決定與目標不一樣，決定不可能是隱性的。數量求和結構不提供社會意志以向量方式形成決定的可能，整體性的社會決定只能出自權力意志。權力意志是通過決定體現的。通過決定控制社會的運轉，正是權力意志的力量所在。

既然迄今還未出現對個人意志進行向量求和的結構，社會意志的目標便不能成爲顯性的，社會意志也不能形成決定，然

而社會作爲一個整體運轉，不能沒有目標，更不可不做決定，因此，權力意志是不可缺少的。

社會意志的扭曲

人不斷追求個人意志的滿足，一定有尚未達到滿足之時，否則就不會追求。如果社會多數個人意志正好都未達到滿足，作爲向量和的社會意志也會處於不滿足的狀態。事實上，跟滿足狀態相比，無論是個人意志還是社會意志，不滿足的狀態更多。因爲滿足狀態是暫時的，達到滿足就會有新的目標，開始新的追求，便進入新的不滿足。

不滿足未必是不滿意。滿足是意志的目標，達到目標才會滿足；滿意則是意志的判斷，取決於在追求目標的過程中是否受阻。如果沒有受阻，即使尚未達到目標（即未滿足），也可以是滿意的。

那麼什麼是受阻呢？不受阻不意味一蹴而就實現目標。如同人們完全清楚、也會接受房屋不可能一天蓋成，只要每天正常勞作，按計畫實現正常進度，就是沒有受阻。受阻是指在正常蓋房外的干擾，如僵化法規的限制、政府強拆、官員尋租等。在權民分離的二元結構中，權力意志總是不可避免與社會意志脫離，不能與社會意志的目標「吻合」，也不能做出有利

於社會意志滿足的決定，反而經常對社會意志束縛和扭曲，使社會意志追求滿足的過程受阻，社會意志的判斷就會不滿意。

何況還有權力的腐蝕。「人的基本性質」使當權者追求自身個人意志的滿足，權力缺乏制約就免不了謀私和恣意妄為。權力意志與社會意志的脫離因此成為常態，二者的「吻合」是相對與偶然，不「吻合」是絕對與必然。

權力意志與社會意志的主要關聯在決定部分。不牽扯決定，二者的判斷部分和目標部分各自獨立，不一致也互不影響。但因為社會意志在數量求和結構中無法形成決定，社會只能按照權力意志的決定運轉，當與社會意志脫離的權力意志迫使社會意志服從其決定，去實現權力意志的目標而偏離社會意志的目標時，二者的不一致就會顯現出來。

按照天賦人權，有權者的個人意志與無權者的個人意志大小一樣。但無權者的人數多得多，因此權力意志 B（所有有權者的個人意志之向量和）即使與無權者的個人意志之向量和 A 不一致，社會意志也如圖 10 的（A+B），方向與大小都靠近 A。

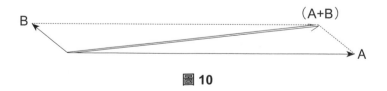

圖 10

　　然而由於權力掌握溝通，所做的決定具有強制力，無權者
出於對生存和安全的考量，不得不在與權力意志的決定相關
的方面，扭曲自身意志，服從權力意志，從而使權力意志從
B 擴大爲圖 11 的 B2，無權者的意志則從 A 縮小到了 A2。A2
與 B2 的向量和爲（A2+B2）——相當於權力意志與無權者意
志博弈後的社會實際走向。

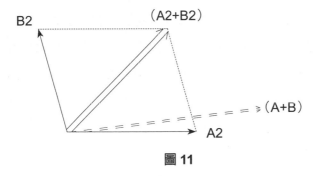

圖 11

　　（A2+B2）便是權力意志對社會意志（A+B）的扭曲，二
者形成的角度可視爲社會意志的扭曲度（圖 12）。

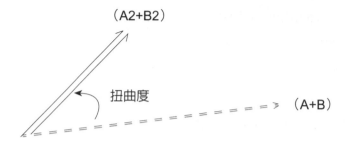

圖 12

在權民分離的二元社會，只有當權力意志的目標與社會意志的目標恰好吻合，社會意志才能在服從權力意志的決定中實現自身目標，得到滿意的判斷。然而權力意志與社會意志的脫離既是必然，社會意志便會經常被扭曲，因而也經常不滿意——這是二元社會的基本狀態。

6

權力調整與更新

【本章提要：被扭曲的社會意志或是通過對權力意志施加壓力
迫使權力進行調整，或是通過支持革命以強力更新權力，由新
權力體現社會意志。這使得社會意志在總體上決定社會發展走
向，然而無論壓力調整還是強力更新都存在滯後。】

囚徒困境

盧梭設想，當權力背離人民時，「由法律保障人民定期集會，終止一切現有的行政權，讓權力回到人民手中」。然而什麼地方可以裝得下一個國家的人民集會？而「權力回到人民手中」的人民之手又是什麼？如果開會都難，何談推翻政權？當年美國憲法給民眾持槍權也許是出於讓人民有能力推翻政權，但是民眾的槍與今日國家的武器已完全無法匹敵，何況多數國家禁止民眾持槍，甚至在某些國家買菜刀都要求實名。

從契約論的角度，人民推翻不履行契約的政府應是契約組成部分。其實無需武器，只要人民共同拒絕服從，政權立刻就會垮台。問題在於人民如何做到共同不服從？那不是靠登高一呼或小道謠傳可以做到，需要有能夠覆蓋全體人民的溝通結構，才能讓人民協同行動。而政權恰是唯一能覆蓋全體人民的溝通結構，它怎麼會去協同人民推翻自己？人民推翻政權的權利因此只是契約論的一種道義表達。

有人認為今日的網際網路提供了溝通民眾的手段。的確，網路的溝通能力前所未有。專制政權搭建防火長城就是懼怕其溝通民眾。但即使能突破封鎖，實現了民眾的溝通，哪怕人人認為政權該被推翻，也明白同時拒絕服從，政權立刻會垮，多數人還是會旁觀，希望由他人推翻政權，自己只想搭便車。

所謂的納什均衡（Nash equilibrium），是指博弈局中的每個當事人選用的策略都能保證自身狀況不會因其他當事人改變策略變得更壞。典型案例是所謂的「囚徒困境」——兩個罪犯都不供認犯罪便只能被輕判。但二人被隔離審問，警方允諾一個供認而另一個不供認時，供認者釋放，不供認者重判。二人在無法溝通的狀況下，都會擔心對方供認使自己遭重判；若對方不供認，自己供認了則會被釋放；即使對方也供認，自己供認至少免被重判。於是二人都會選擇供認，結果共同得到次重判決。比起二人都不供認的輕判，次重判決顯然不利，卻是個人理性的精心選擇後形成的集體非理性。這種納什均衡的結果是共同受損。

合作的前提在於溝通，能打破囚徒困境的溝通必須非常充分。兩個囚犯哪怕剛剛定完攻守同盟，一旦被隔離兩處，也會重複上述選擇，因為他們誰也沒有把握對方不會一轉身就叛變。這要求溝通須達到兩人能互相盯著對方同時進行表達的緊密程度，才可放心地都不供認，實現共同得益的集體理性。由此看到溝通充分與否會導致完全不同的結果。

推翻政權成功，搭便車者一樣享受成果，卻不必付出代價；推翻政權失敗，搭便車者則能避免懲罰。因此無論其他人怎麼做，搭便車者的狀況都不會更差，是在不能充分溝通狀態下的最優策略。當這種狀況不斷趨向納什均衡，搭便車的人越

多，革命成功的可能性越小，參與者支付的成本越高，失敗受到的懲罰越重，最終會使所有人都放棄參與，推翻政權的人民起義就不會發生。

現實中搭便車的現象比比皆是，是瓦解各種集體行動和公共事務（如維權、環保、衛生等）的主要因素。規模有限的熟人圈子之所以容易發動並堅持群體抗爭，原因就在於溝通充分，搭便車會被發現和受到譴責，積極參與者則會得到讚揚與獎勵，搭便車從而不再是最優策略。

期望通過重複博弈改變搭便車的狀況，前提需要參與者的行為能被他人瞭解和記住，以便在下輪博弈中做出回應，從而形成約束和激勵。但群體規模過大則同樣會失效。生活中可看到村內小店要講信用，否則會在重複博弈中受到村民杯葛。但是旅遊景點的商家對眾多遊客每人宰一次就夠，不在乎回頭客，就形不成重複博弈。

比搭便車更具破壞性的是「違約優勢」。在普遍遵守契約的環境中，不守契約者往往會在競爭中佔上風，其得到的好處正是守約者所失。無法充分溝通的群體不能有效約束違約者，競爭便會促使違約者不斷增加，最終導致契約解體。亞當斯密的「無形之手」立足的原理——個人追求一己利益會自然促進社會利益，即是被這種納什均衡所顛覆。

霍布斯推崇利維坦，也是需要一個能溝通整個社會的強大

政府，看管所有人不得違約，以避免出現囚徒困境。這就進入
一個怪循環——被賦予推翻違背契約政府之權利的人民，需要
政府的看管才能遵守社會契約，也就排除了契約論給予人民推
翻政府的權力。而政府不但不像霍布斯期待的那樣單純和中
立，反會有意利用其對溝通的控制，充當囚徒困境中的警察，
切斷人民的溝通，製造猜忌，誘導背叛，讓人民只能按照權力
的溝通行事。

造成囚徒困境的關鍵是溝通。切斷囚徒溝通的是警察，而
切斷人民溝通的，站在前面的是政權，站在後面的是規模。規
模造成的無法溝通相當於天然隔離了人民的警察，使人民成為
規模的囚徒。解決囚徒困境首先要解決大規模溝通的問題，其
次才是解決政權的問題，因為政權切斷人民溝通歸根結蒂也是
利用規模。

社會意志的反扭力

以往歷史一直沒有產生打破大規模社會之囚徒困境的方
法，民眾始終被規模分隔，既然社會意志的體現全靠權力意志
與之「吻合」，權力決定一切似乎不言可喻。然而若權力意志
果真是絕對主宰，就免不了與社會意志「剪刀差」式地越走越
遠，不會回頭。事實卻是權力意志雖然不斷脫離社會意志，卻

總會與之再度「吻合」。其中是否存在必然性？是否即使在囚徒困境中，社會意志也能對權力意志有一種制約，可以把力圖為所欲為的權力意志不斷拉回到「吻合」呢？

首先，當個人意志受到扭曲，便會本能地不滿意，產生反抗衝動。儘管有時可能被壓抑，甚至不被自身所意識，實際卻在一刻不停地尋求突破，為消除扭曲提供行動力，若始終得不到釋放，甚至可能導致盲目的爆發。那種對抗扭曲、力圖消除扭曲的力可稱作「反扭力」。方向與所受扭曲的方向相反，大小與所受扭曲的大小成正比。反扭力是能被感知的。只要是被強迫做的事，人就沒有積極性，怠工、不負責、拆台、刁難、幸災樂禍、「上有政策，下有對策」。無論在什麼樣的社會條件下，無論是在什麼社會結構中，這種反扭力都可存在且發自社會的每個「細胞」，傳遞於社會的每條「神經」和「血脈」，導致千千萬萬的個人力圖消除所受的扭曲，去言說、上訪、對抗、不合作、參加革命或要求民主……

不同的個人意志所受到的具體扭曲可能千差萬別，但是力圖消除扭曲的反扭力是同質的 —— 體現為對權力的不滿和否定，因此便可在數量求和結構中，借助日常社會網絡求和成社會總體的反扭力。一如社會意志自發地在數量求和結構中形成滿意與否的判斷那樣。

社會意志反扭力求和而成的總體，構成對權力的壓力。權

力面對這種反扭力，會感受統治和管理受阻，或是社會處於離心狀態，難以推動。權力意志對社會意志的扭曲越大，反扭力也隨之增大，權力感到的壓力也越大，以致不得不自我調整，減小對社會意志的扭曲。二者之間這種作用力與反作用力的關係，是約束權力意志終將自覺或被迫地與社會意志「吻合」的關鍵所在。

壓力調整

一般來講，社會意志的反扭力在達到極限前，對權力始終是壓力狀態，超過極限才可能爆發為強力。強力是特殊情況，壓力則是日常狀態，時刻都在或大或小地發生作用。

壓力本質上是社會對權力實施的溝通進行抵制，導致社會緊張。壓力根據不同的社會形態、歷史條件、權力集團的態度與能力而變化，除了造成權力體系指揮不靈，也會因為社會活力下降，內耗增加，影響社會財富增殖和運行效率，對權力集團自身利益與目標造成損失，甚至動搖權力統治。因此明智的當權者不會鐵了心與社會意志對抗，一條道走到黑的偏執也與統治的基本原理不容。相對明智的當權者會辨察來自社會意志的壓力，調整權力意志與社會意志「吻合」，從而減小社會意志扭曲，緩解所受的壓力。有些王朝維持數百年未遭強力改朝

換代，正是權力意志在社會意志壓力下不斷調整，緩解社會意志扭曲的結果。如果沒有這種調整，一味脫離社會意志，再強大的權力也不可能一直維持。

權力意志與社會意志的「吻合」，有的是出自權力集團的派別鬥爭。在「凡是敵人反對的我們就要擁護」的權鬥中，爭權者為了戰勝對手，往往打起「為民」旗號，扮演社會意志的代言人。他們有意利用社會意志的壓力，把人心向背當作權鬥武器。尤其是權力集團的新生代，更是需要以此彌補自身弱勢，雖然他們內心深處並非真有人民的位置。

權力集團內部層出不窮的「改革派」、「保守派」、「溫和派」、「強硬派」，表面看只是政見不同，或是出於野心的爭鬥，與社會意志無關，但是細究一下，為什麼他們要打「為民」的旗號？為什麼把人心向背當作武器？歸根結蒂是社會意志的壓力在起作用。迎合了社會意志的當權人物，的確也常常在權力集團內部的你上我下中成為贏家。

即使不是出於權鬥，僅出於當權者為了自身利益──諸如政權穩定、流傳功名，或是職責感和功名心等──去迎合社會意志，也等於是受到社會意志的制約。

社會意志形成對權力的壓力，不需要專門結構，也不需要組織，通過完成其他社會功能──經濟的、生活的或社會交往的──網絡和管道就能傳遞與會合，作用於社會各個層面。這

種特點使得社會意志利用壓力遠比使用強力安全、方便、收發自如，因此成為社會意志制約權力意志的主要方式，持久地作用於權力。

強力更新

專制權力屬當權者私有，權力意志是否自我調整依賴當權者的明智。如果其昏瞶或被佞臣包圍，甚至可能感受不到社會意志的壓力存在，或是寧願鎮壓也不讓步，那時不斷積累的壓力就可能逐步演化成強力，以更新權力的方式使社會意志得到體現。

首先社會意志的反扭力會促使人們尋找並發展權力之外的溝通，產生體現社會不滿和要求變革的思想，為社會意志樹立目標。那種思想通過權力結構外的其他溝通結構傳播，如沙龍、讀書社、傳法布道、地下出版等，也可利用手機、網際網路、衛星電視……人們對那些思想產生興趣，甚至不畏鎮壓形成體制外的傳播網絡，正是因為反扭力，才會有這樣做的熱情與動力。

社會意志的目標是由思想者提出，為什麼說思想者只是體現社會意志，而非塑造社會意志呢？這是因為能提出思想的人有成百上千，但是哪些思想會成為社會意志的目標取決於社會

意志的選擇。社會意志的「判斷」部分對此起決定的作用，不被這種「判斷」接受的思想也不會對現實發生影響。即使那些看似引導了社會意志的思想，也要先被社會意志的判斷所接受。

將思想變成行動離不開組織。尤其對權力進行更新，需要建立新的溝通結構替代原有權力的溝通結構。一般而言，權力壟斷武器和資源，佔盡優勢。民眾不希望承擔風險，更願意以壓力方式表達不滿。只要權力意志能及時自我矯正，舒緩社會意志的扭曲，以強力更新權力便不會獲得民眾支持。但若權力意志堅持對社會意志的扭曲，社會意志的反扭力會成為產生新溝通結構（革命黨、起義軍、權力分裂另立山頭）的土壤。說到底，強力是通過組織起來的人實現，反叛者組織起來就有了強力，一開始弱小，但是只要與社會意志相吻合，民眾支持造反者就會越來越多，使其發展壯大。在山頭林立的地下組織或揭竿而起的隊伍中，最終哪個能脫穎而出，浮在上面的看似種種偶然的或個人的因素，究其深處也有社會意志的選擇。社會意志以提供追隨者的方式發揮作用。追隨者增加意味著新的溝通結構——也是新的權力結構的不斷壯大。舊權力則處處受反扭力的抵觸，日趨沒落，眾叛親離。最終得民心者得天下，即使不然，至少是失民心者失天下——即使足以顛覆政權的力量無法形成，政權也可能在受到外敵入侵或巨大天災時，因為得

不到人民的支持而覆滅。

　　冷兵器時代的武力差距有限，政權控制下有諸多盲區可以
讓新溝通結構生長。然而現代極權國家政權的力量有壓倒性優
勢，可以徹底封殺體制外的組織空間。民眾唯一的優勢是人
多，但溝通被嚴密限制，人多只是散沙。這時表面看似穩定，
社會意志的反扭力若始終得不到舒緩，往往會在突然之間被意
料不到的事引爆。偶然事件、謠言傳聞、天災人禍、甚至迷信
徵兆（彗星、日食）或政治人物去世，都可能成為總攻信號，
瞬時掀起社會動亂。簡單口號在最短時間成為溝通社會意志的
目標，同時以「牆倒眾人推」的數量方式實現社會意志的行動
決定，原本分散的群體反抗一旦集中於一個時間點，形成不服
從的連鎖擴大，一呼百應，百呼萬應，權力原本靠集中兵力分
頭鎮壓的優勢就會變成首尾難顧，杯水車薪，往往措手不及便
陷入癱瘓乃至崩潰。

　　尤其在有了新的溝通科技後，民眾可以用這種集中反抗的
方式直接推翻政權。類似的突變發生在伊朗、菲律賓、羅馬尼
亞、突尼西亞、埃及、利比亞、烏克蘭。當政權的強力組織不
再聽從指揮，甚至可能掉轉槍口，原本的當權者就只好投降或
逃亡，讓位給新的當權者。在民主意識普及和傳播技術發達的
今天，這種大規模不服從的「顏色革命」已經成為更新政權的
主要形式。

社會意志在權力更新中擁戴與自身吻合的新溝通結構及當權者，追隨其樹立的目標，按其決定行動，使得新溝通結構取代舊政權，再由新政權實施吻合社會意志的目標和決定。

實際情況當然不是如此單純。只要社會仍是權民分離的二元結構，就不會存在與社會意志完全一致的權力意志。新政權是新的權組織，新的當權者也是為了自身權力和利益。但是其既然打著為民旗號上台，在掌權初始總是要有所兌現，哪怕打了折扣，也會使社會意志得到一定程度的體現。

大向量

二元社會的任何一元都不是單一的，存在著不同的集團、派別或敵對陣營；有地域劃分、民族不同、文化分歧、職業差別、社會地位高低等；有分立的政治權力、企業權力、傳媒權力、團體權力、黨權、軍權、地方權……不同的權、派別、集團或陣營各有不同意志。社會發展直接表現出來的，並非個人意志的求和，而是不同集團相互爭鬥與交易的結果，充滿偶然的故事和戲劇。

不過所有不同的權力、派別、集團或陣營都離不開「民」。無民則權無處可施；進行權力鬥爭的黨派、陣營也需民的支持，因此或是利用社會意志的反扭力壯大自身，或是緩解社會

意志的反扭力防止民反。在這些過程中形成權力意志對社會意志的「吻合」。

把權力鬥爭的各方視為「大向量」，每個大向量自身內部都是數量求和的二元結構。由其君主、領袖、黨魁、幫主們的權力意志決定大向量的方向，大向量的大小則取決其擁有的數量——管轄人口、擁護者、成員人數乃至民意和人心向背，形成國家、民族、階級、政黨、群眾運動或山頭幫派。

歷史上，大向量之間首先是力圖把對方作為數量相「加」——征服、吞併、招安、收編……或者將其作為數量「減」掉——民族仇殺、階級鬥爭、宗教聖戰、思想迫害、專政、鎮壓、清洗……分歧往往被強行擴大到一百八十度，非此即彼，你死我活。只有在誰都沒有絕對優勢、無法完全加掉或減掉對方時，才不得不進行妥協、交易、互為制衡、形成聯盟、「遠交近攻」或「合縱連橫」……得到的結果並非社會意志，仍然是權力意志。參與求和的大向量都不是為了社會意志，而是為了爭權，但是社會意志的反扭力會被當作一種能量和資源，有助於奪取或擴大權力，因此大向量求和會比僅有一元的權力更多地與社會意志出現「吻合」。

大向量求和是以數量求和為基礎，沒有足夠數量就不具備參與求和的實力，只能被其他大向量加或減。這必然會促使大向量強化自身的數量，一方面內部統一意志，不容異端；一方

面知道民心所向是根本。當有多個大向量並存時，民眾的以腳
投票便有了決定勝負之力。挑戰統治權力的新興力量正是靠爭
取民心從小到大，直至問鼎天下。

　　雖然歷史展現的往往是大向量求和決定歷史的結果，社會
走向似乎與社會意志無關。但那只是外在的。大向量之間的競
爭導致各方對社會意志反扭力的利用，以及與社會意志有意無
意的吻合，決定了社會意志在歷史峽谷的幽深處引導著萬宗歸
一的走向。單看每個大向量，無一真正代表社會意志，顯露的
多為權力之惡，但當它們湊到一起進行求和，卻會在相互的左
突右衝中，泥沙俱下地沿著歷史峽谷的方向奔騰。即使是在極
權的一元權力中，也有潛在的多元勢力明爭暗鬥，為社會意志
的體現提供契機。

　　而開放社會的自由多元更會提高權力與社會意志的吻合程
度。代議制的進步在於給政黨、選區議員、壓力團體和 NGO
（非政府組織）開放空間，把以往少數僵硬的大向量分解為規
模較小的更多向量，從而讓民眾選擇大大增加。這種向量間的
互動不再是你死我活，而是認可體制，遵循規則，互相容納，
以妥協換讓步，內部則以求同存異取代大一統，統一意志讓位
給個人意志自由選擇。這種進步體現了歷史發展的趨勢。不過
只到這一步，仍然還是精英在權力元之內玩的權力遊戲，對社
會意志的體現還是為了權力本身，因此社會意志的體現不會是

完整的，也不會是即時的。

二元結構的滯後

　　儘管從大歷史看，社會意志能制約權力意志，然而制約總是滯後。首先，反扭力的形成是因為社會多數成員已經感受到惡果且惡果達到了相當規模——這是產生壓力的滯後。其次，二元結構中的權力對壓力的感知並不即時，當權者也不會一感受到壓力就進行調整，直到壓力大到相當程度——這是壓力作用的滯後。在此期間，惡果將繼續擴大。第三，已經形成的惡果不會隨權力意志的調整立即消失，有些惡果甚至不可逆——這是惡果消除的滯後。

　　以強力更新權力則造成更嚴重的滯後。革命導致動盪和戰爭，形成大規模流血和死亡，經濟後退、文明破壞、財富毀滅。即使革命成功能促進社會新的發展，但死者無法重生，家破難以重圓，每個具體生命的損失都無可挽回。

　　民眾大規模不服從的方式，某些情況下可以讓舊權力倒台，卻不見得具備建設性。社會意志的反扭力盲目釋放，並非就是體現社會意志。如果沒有新的溝通結構迅速替代和覆蓋整個社會並被人民接受，革命狂歡的第二天就會陷入混亂。在舊政權垮台後的權力真空中，會湧現形形色色的權組織跑馬圈

地,彼此爭奪。權組織的本性就是追求擴大權力,最終如何達
到穩定,或是由誰一統天下,往往要經過長久爭奪才會塵埃落
定。

更糟的是,由於權力意志與社會意志的脫離不可避免,無
論壓力調整還是強力更新都不能一勞永逸。新的當權者和權組
織在與社會意志短暫擁抱後,必然重新漸行漸遠,進入下一個
輪迴。權力調整和更新的滯後將不斷發生,惡果反覆重現,人
民也將周而復始地遭受損害——這幾乎成了歷史難逃的宿命。

殊途同歸

需要回答一個問題,如果說社會意志總是可以通過壓力調
整或強力更新制約權力意志,使得社會的發展回歸社會意志,
而在任何民族和國家,人的基本性質又一樣,照理說社會發展
應該非常相似,為什麼各自的歷史會有那麼大差異?

我不認為社會發展可以找出確定「規律」。歷史看上去總
是被各種偶然左右。但若只有偶然,任何思考就都成為多餘,
只有坐等偶然發生。既然偶然也有前因後果和邏輯路徑,大的
方向就不會全由偶然堆積。如同行進於林木茂密、河道蜿蜒的
大峽谷,每邁一步都可能遇到偶然、存在多種選擇,並被偶然
引向下一個偶然,形成難以預料的曲折。然而所有曲折都在峽

谷之內，決定最終方向的是峽谷而非偶然。

　　地緣、氣候差異會造成每個社會的初始不同，是導致剪刀差的起點，後面的各種偶然、隨機、突變、選擇和因果起的作用往往更具戲劇性。有一部名為《羅拉快跑》（德語：Lola rennt）的德國電影，講的是紅髮女孩羅拉為救男友，在二十分鐘內快跑著要找一筆錢的故事。那二十分鐘在電影中重複三次。每次起點一樣，但是快跑過程中小小因素的不同，如誤了車，或是撞到哪個人，便造成一連串錯位，結局截然不同，甚至完全相反。一個社會的連鎖性和複雜性遠超過羅拉快跑，不同因素導致的不同結果當然會更為深遠豐富。尤其是一些處於特殊位置的人，他們起心動念，大小行為，說不定哪一下就會成為蝴蝶搧動的翅膀，開啟環環相扣的連鎖反應，形成改變歷史的風暴。

　　儘管如此，還是可以看到，無論差異多大的社會都有一個共同的脈絡——權力意志不斷脫離社會意志，社會意志的反扭力則或以壓力促使權力調整，或以強力更新政權——這一相同的脈絡便是由社會意志決定社會走向的歷史「峽谷」。「峽谷」的廣闊足夠給各種偶然性提供空間，似乎可以隨心所欲變換方向和路徑，在不同偶然性造就的路徑上，有的社會走到「峽谷」左邊，有的走到右邊，有的路線比較直，另外的蜿蜒曲折，快慢當然也有別。但是歸根結蒂，人的基本性質相同，普世價值

一樣，在此基礎上形成的社會意志，終究成爲權力意志無法跳出的「峽谷」。

　　人類穿戴不同，但都要穿衣；飲食習慣不同，但都要進食；語言不同，但都要交流……不同的是枝葉，相同的是根本，因此即使分爲不同國家、民族、文化群，卻不會漸行漸遠，總是會殊途同歸，走到一起。尤其是打破地理隔絕後的全球化充分證明了這一點。那不能簡單地歸因於模仿西方，之所以爲普天下人所接受，正是因爲人的基本性質相同，以及所有的社會意志都有對自由與公正的共同追求。

7

代議制的進步與局限

【本章提要：代議制使得權力更新不再通過強力，但仍然是數量求和結構。權力意志可通過操縱代議制的數量求和扭曲社會意志；反之數量求和的壓力又會迫使代議制縱容消費主義和民族主義。】

無需強力的權力更新

作爲人類政治文明的偉大進步，代議制解決了一個重大問題——權力更新從此以數人頭代替砍人頭，不再需要強力。選舉爲社會的無權元提供了對有權元的溝通，使得解決權力意志脫離社會意志只需以壓力方式，從而避免以強力更新權力所造成的損失和破壞。

迄今已發展爲一整套國家政治制度的代議制，爲無權元提供了如下若干對權力的溝通：

一、**表決**：作爲直接民主的方式，雖與代議制理念不同，卻是代議制的基礎。除了重大事項採用公投表決，代議制的選舉本身亦是直接民主的表決。

二、**競爭性選舉**：是候選人與選民之間的溝通。對於無法進行充分直接溝通的大規模人群，沒有競選便沒有眞正的選舉。

三、**言論自由**：爲民眾監督權力提供了縱向溝通，爲凝聚民意提供了信息與思想的橫向溝通，是社會意志對權力意志施加壓力的基本方式。

四、**多黨體制**：在政權的溝通結構之外另立溝通結構，爲不同政見和訴求提供立足之地，也爲民眾更新權力提供多種選擇。

　　五、權力分立與制衡：把政權分割爲數個獨立的溝通結構，相互制衡，避免絕對的權力，同時也爲民眾增加溝通權力的管道。

　　正是這些溝通管道的存在，使得社會意志對權力意志的壓力得以表達和傳遞。定期選舉使權力意志對這種壓力必須保持敏感，不再驕橫，而需小心翼翼地逢迎化解。說到底，代議政治中的政黨競爭、媒體造勢、社會運動等，都是利用壓力促使權力意志調整，或是通過選舉更新權力。

　　代議制的優點已經論述很多，無需重複。本文希望從另一面看代議制存在的問題，以及能否改善。這並不意味否定代議制是迄今最好的政治制度，而是希望尋求更多有助前行的啓發。

數量求和的被操縱

　　理論上只要有選舉，權力一定要對社會意志的壓力讓步，否則就會被選舉更新。然而事實並非完全如此。雖然權力意志不會公開扭曲社會意志，所作所爲皆符合法律和程序，但是其與社會意志仍有差距。一個典型例子是，在數年以來的蓋洛普民意調查中，國會議員都被美國民眾評爲在道德與誠信方面最

差，甚至是以職業排名的倒數第一[1]。然而國會議員正是民眾選舉出來爲自己代議的。如果不是代議制存在問題，爲什麼會出現這種黑色幽默式的結果？

從本文角度分析，問題根源就在代議制是數量求和結構，而社會意志是向量求和的結果。數量求和結構無法完成向量求和，因此社會意志便無法在數量求和結構中眞正體現。

正是數量求和與向量求和之間的差別，造成了代議制的現實與理想之距離。一方面代議制權力的確會在民眾壓力下讓步，那卻不是向量和的壓力，而是數量和的壓力；另一方面，代議制權力又可以在相當程度上利用乃至操縱數量求和的過程與結果，才導致上述黑色幽默。

前美國副總統高爾 (Al Gore) 回憶其在一九八四年競選參議員時，民意測驗顯示他的領先優勢消失，其競選顧問便提出了在廣告方面的投入與策略，並保證按其計畫操作，可在三周內讓高爾的支持率提高百分之八‧五。三周後，支持率不多不少正好提高百分之八‧五[2]。這固然可能存在巧合因素，但也一定程度上地說明代議制政治對數量求和的操縱。

代議制選舉將「是」或「否」的投票相加成彼此對立的數量，

1　http://www.gallup.com/poll/1654/honesty-ethics-professions.aspx

2　*The Assault on Reason*.

決定最終結果。如何利用數量求和達到目標，既是精確的學科，也是可觀的產業。花在競選和立法遊說上的錢爆炸增長，代議政治的結果與錢的投入密不可分。這種過程的主導權掌握在權力元手中。無權元雖然握有投票權，但調侃的說法是「無權者可以自由地投票，金錢和權力可以自由地操縱，無權者也可以自由地被操縱」。這雖有些以偏概全，在相當程度上也是現實的反映。

有太多故事描述政客在代議政治遊戲場上玩的花樣，以致他們在民眾中喪失信用，同時又擋不住他們繼續拿到足夠的選票。代議制的各種投票制都無法改變這種荒謬，原因就是囿於數量求和的結構。

只要社會仍處於二元結構，無權元對有權元的溝通管道就總能被權力動手腳。比起專制，代議制權力是用軟性方法。專制的蠻橫一目了然，代議制卻讓結果看似是民眾自己的選擇。照搬代議制的轉型社會，有的出現民主倒退乃至只剩形式，往往是當權者利用代議制的政治手段操縱選舉、蠱惑民意、控制輿論，結果讓民眾自以為民主地再次被專制。新誕生的專制者可以獲得足夠的選票，完全無需作假，但那正是通過蠱惑和操縱形成的數量和，而不是社會意志的向量和。

代議制仍是二元

超出充分溝通與協商的規模便無法進行向量求和，只能簡化爲數量求和，因此不會是眞正的民主。歷史上民主曾長期名聲不好，問題正是出在數量求和。數量求和類似數學的提取公因式，忽略各自不同，只取共同，因共同的共振越加共同，或因局限的疊加越加局限，最終減掉少數，形成零和結果。名義上民主，實爲多數專制。

數量求和是出於解決民主所面對的規模難題，以「是」或「否」的表決把個人意志向量變成可批量處理的數量。但即便簡化爲數量表決，規模導致的繁複和成本也使其無法應用於日常，只能進一步簡化爲數量表決的選舉，把權力交給當選者代爲行使，即爲代議制。

代議制一方面以批評直接民主爲自身尋找合理性，一方面卻用直接民主的方式進行選舉。其指出的直接民主弊病，在直接選舉中一樣都不少——資訊不充分，選民發言權微小，交流和辯論困難，缺乏相應知識，容易被主持人操縱等。問題根源仍然在規模導致的溝通障礙。使得代議制在理論上的選舉自由，因爲能當選的人需要具備特殊的溝通能力（知名度、政黨支持、媒體報導和資金等）而局限於很小的圈子之中。圈子內的人競爭再激烈，大格局仍萬變不離其宗。選民只能通過電

視、報紙、集會認識競選人，看到的是商業廣告包裝和公關技術創造的形象，競選成功的往往是最善表演者。

當然，自由的選舉可以更換當選者。不過這也使得代議制的選舉往往變成與前任算帳而不是放眼未來。代議制雖不再需要強力更新權力，分成有權和無權的二元狀態卻未改變。當選者的輪換也不會有本質變化。

「代議」（代表決議）和「民主」（民眾作主）是矛盾的。二者組成一個詞，表達的只是通過「代議」實現「民主」的願景，不等於「代議」就是「民主」。真正的民主不能和民眾參與分開。進行政治參與是人民自由的標誌。儘管參與式民主常常遭人懷疑，精英內心更是寧願以共和取代民主，然而民主是正義的體現，也是共和的合法性來源，因此什麼都不能取代民主。以往民主暴露的問題，根源不在民主，在數量求和。數量求和貌似民主，卻非民主，只有將其變為向量求和，才能成為真正的民主。

Vetocracy

西方政治文化對集權強烈懷疑和警惕。代議制馴服權力主要靠分權制衡，期望把一個魔鬼分成三個後變成天使。雖然分權在本質上只是一種缺乏價值意義的政治技巧，民眾並未因此

得到權力和參與，但起到的制衡作用的確有效。鄂蘭（Hannah
Arendt）認為哲斐遜（Thomas Jefferson）當年對代議制的擔
憂──或落入多數專制、或因人民不關心公共事務而讓當權者
以權謀私──主要是靠分權制衡才得以避免。然而，當分權制
衡佔的分量越來越重，卻可能產生另一方面問題──即福山
（Francis Fukuyama）在其自造詞 Vetocracy（否決政治）中所
指的政治衰敗。

　　例如為了防止政府濫權，美國在總統和國會間分割權力；
州和地方政府保留相當自治權；允許法庭以憲法為由推翻法
律；鼓勵政黨競爭與輪替……僅從議會立法看，法案起草後要
經議會規則委員會審查是否符合法律，決定送到哪個委員會；
再由相應的委員會投票，決定要不要進一步處理；往下還要看
是否涉及財政，送撥款委員會審查通過後才可交議會投票；參
眾兩院中的一院通過後，另一院也須通過；兩院通過的法案送
交總統簽署；總統可以否決；但兩院三分之二多數又可以否定
總統的否決。這中間的任何一個環節，都可以使立法夭折。

　　除了立法的層層關卡，司法也可施加各種干涉。諸多行為
體對公共政策的制定施加影響，造成政出多頭；而黨派意識形
態的對立和權爭使之各自利用分權制衡，為反對而反對，導致
行政效率低下，無法決策，內耗空轉，甚至造成政府停擺……
這種政治衰敗被認為有繼續加重的趨勢。

　　福山認爲利益集團在 Vetocracy 中扮演了重要角色。理論上，民主政治希望人民可以用抗衡權牽制權力，抗衡權歸屬多元的參與式群體。然而實際上擁有和掌控抗衡權的主要是利益集團。立法有那麼多的環節和障礙，且大都關門進行，一般人很難介入。利益集團雇傭「院外遊說集團」，只要花錢夠多，影響便能延伸到總統、兩院、委員會主席，說服他們推進或阻撓某個方案，使那法案通過或不通過。利益集團的這種抗衡權非但無益於人民，反而削弱了表達多數人意志的政治機制，扭曲了民主。要麼是從各自本位出發通過的法令相互矛盾，損害公共行政質量；要麼爲保護集團利益利用法庭阻撓行政、扼殺改革，把分權制衡機制變成利益集團操縱的工具。

　　從根源看，vetocracy 是代議制與分權制衡的天然基因，與生俱來。多黨競爭和分權結構中的每個行爲體都要用反對和制衡體現自身價值或爭取利益。分權既然是爲了形成制衡，便一定要在結構上安置 vetocracy 環節。而否決也是權力，熱愛權力的人類天性照樣可能對其濫用。甚至利益集團也會打著防止濫用權力的旗號利用 vetocracy，實際還是爲了自身利益。每多出一個 vetocracy 環節，就多一分牽制全局的能力，這種動力製造越來越多的 vetocracy。

無法超越的陷阱

在代議制中，權力除了對數量求和施以操縱和利用，也需要對來自數量和的壓力讓步。代議制社會處處可以看到權力迎合數量多數造成的短視政治、空頭支票、過度福利等；在權力操縱、煽動、許諾下形成的數量和，反過來又會以壓力挾持權力。

雖然代議制已經發展出多種政治方法緩衝民粹主義的壓力，但既然由選票數量決定輸贏，歸根結蒂還是得給數量和讓路。本來可以不必苛求代議制，至少相比眼下其他制度它是最不壞的；然而從展望未來的角度來說，有兩種終將危及人類命運的數量和——消費主義與民族主義，代議制不但無法克服，且正是其機制所助長。代議制因此不能成為終點。

消費主義

人的基本性質若是用消費滿足，更好之上總有更好，有限的資源卻不能支持無限的欲望，生態環境也不可無限透支。從這種邏輯看，消費主義發展下去，總有一天會毀滅人類自身。

以往少數富人再奢侈，社會消費總量是有限的。民主化給了普通民眾平等權利，一方面前所未有地提高了生產力，一方面讓多數人得以加入不斷提高消費的行列。社會消費總量因此

加速擴大，資源消耗和生態破壞隨之劇增。

全球性的消費潮似乎反映人類貪圖享受不考慮整體，更不顧及子孫後代。但那是數量求和的結果。前面說過，社會意志的「判斷」在數量求和結構中可以自發體現（因為滿意與否可簡化為數量），然而「判斷」只能針對已經發生的現實，不具備預見未來的能力。當消費主義的危害尚未爆發為全面危機時，社會意志的「判斷」主要還是感受消費的好處。當危害開始大於好處，每個人都可以從吸進的污濁空氣、漫天風沙、缺水、瘟疫中得到比較，「判斷」也能精確地感知轉折。問題在於，即使人們願意在那時立刻停止無度消費，即使能把人們的轉變馬上付諸實行，也已為時晚矣。二元結構的滯後仍將使惡果墜落。

預見未來不應由社會意志的「判斷」承擔，而是由社會意志的「目標」和「決定」把握。在沒有向量求和的結構時，社會意志的「目標」和「決定」只能靠權力意志的「吻合」才能體現。代議制是由熱中當下消費的大眾以數量求和選舉當權者，因此註定了權力意志不能忤逆社會意志的「判斷」。對社會意志「判斷」的迎合，便成為對社會意志「目標」與「決定」的違背。

對於消滅貧困，代議制功不可沒。但溫飽不會讓人滿足，消費提升和欲望膨脹相互刺激，不斷攀升。只要缺乏節制，消

費一定變成貪婪。在經濟至上的社會，以物爲核心的文化使多數人把「更好的生活」與消費等同。地球生態對個人遠在天邊，掙錢發財、買房置地、享樂生活卻是立竿見影，因此必定成爲數量求和的主體。由熱中消費的大眾直接選舉當權者，迎合消費主義的政客一定比提倡節制的智者得票多，從而促使權力意志在數量和壓力下對消費主義亦步亦趨。

從這一點看，可以說代議制是一種縱容物欲的制度。

民族主義

作爲當今另一個世界難題，民族主義與消費主義有連帶關係。當資源不能滿足時，往往以族群爲陣營相互爭奪。表面上的民族矛盾或國家衝突，追根溯源往往與資源（土地、水源、礦產等）爭奪有關，且比其他因素更難化解。

民族主義是當今世界衝突的主要根源。即使是成熟的代議制國家，民族、種族、族群問題也麻煩不斷。向代議制轉型的社會更可能發生民族仇殺、國土分裂的悲劇；國家之間則經常處於民族主義基礎上的緊張對立。

專制統治一般對外搞民族主義，打壓國內的民族主義。代議制卻給國內的民族衝突和分裂開放了空間。尤其在轉型之時，民主與族群開始交織，專制時期製造積累的民族仇恨，被代議制開放的政黨政治、競爭型選舉和言論自由釋放出來，可

能會導致民族主義的爆發。打開專制黑箱呈現眞相不見得帶來和解，而是進一步激發仇恨。力圖贏得多數選票的政客和政黨少不了以民族劃分陣營，把民族矛盾當作吸引選民的炒作主題；相互競爭的意見領袖和媒體也會用煽動民族情感的方式爭奪公眾。

民族主義表面上是民眾自己的選擇，其實在普通百姓的個人意志中，民族問題只是其中的個別意志，佔的比例並不大，主權歸屬則離得更遠。他們關注的焦點是自身和家庭幸福平安，對此進行向量求和，本不會爲了統獨之爭開戰或仇殺。完整的個人意志中包含著針對不同問題的諸多取向，對單一問題的回答只是其中一個取向。如贊成民族獨立的取向在總體意志中可能被不願戰亂的取向抵消。而數量求和只能針對單一問題，精英對民意的主導和操縱就在這裡——只問是否贊成民族獨立，不問是否願意承受戰亂，迴避或隱藏追求獨立必須要付的代價。那時，民眾贊成獨立的表態即使發自內心甚至表現狂熱，也是對其個別意志的抽取和疊加，等於是被操縱。

民族精英除了對民族有宏觀關懷，也有個人和集團對權力的追求——主體民族的精英反對少數民族獨立或自治是不願放棄權力；少數民族精英要求獨立是希望把權力拿到手中。民族精英往往會利用數量求和的取捨，把民眾向「是」、「否」兩端驅趕，而將中間領域的多元與建設因素棄而不談，由此形成的

「民族意志」更多的只是精英意志。

民族主義一旦被精英煽動起來，又會反過來綁架精英。尤其在代議制轉型初期，制衡機制尚未形成，每個政治運轉的環節幾乎都取決於數量求和，或受制於數量求和的壓力。當民眾以數量形式存在時，如同雅典城邦的廣場，喝采或起鬨成了決定因素。那是善於表演的政客如魚得水的舞台。民眾愛看英雄，喜聽豪言，爲煽情歡呼，把理性噓下台。這種「廣場效應」只能鞭策各方政治勢力向極端賽跑，以免因落後而失去數量多數，結果會刺激民族矛盾不斷升級，直至流血衝突甚至種族清洗（有的種族清洗正是爲了在代議制表決中保證本族的數量多數）。在代議制轉型可能發生的各種風險中，民族衝突首當其衝。忽略民族主義風險的轉型會付出沉重代價。

對內奉行自由、平等、博愛原則的代議制國家，卻可能在代議制的數量求和驅使下奉行對外霸權。「民主和平論」用統計數據宣稱民主國家無戰爭，但是以往是民主陣營面對專制陣營，一致的意識形態可以超越民族主義。當專制陣營解體，實行代議制的各國之間陷入越演越烈的資源爭奪時，「民主和平論」是否還能持續值得存疑。

爲何不同族群的個體以個人身分交往可以和平、友好，以族群身分面對卻陷入隔閡與憎恨。導致變化的原因就在是向量還是數量的分別。面對具體個人，對方是完整向量；面對族

群，對方是單一數量。對方作爲向量，是與自己一樣的人；對方作爲數量，是與自己不一樣的民族。向量之間可以折衷求和，數量之間只能是非加即減。代議制的數量求和結構決定了代議制不是解決民族問題的方法，反而是製造民族問題的原因。

8

問題

【本章提要：是否能讓社會意志無需通過壓力和強力，即可與權力意志無阻礙地溝通，從而使得社會意志無滯後地隨時實現？】

縱觀歷史，人類社會的核心問題是解決權力意志對社會意志的扭曲，可大致歸納爲圖 13：

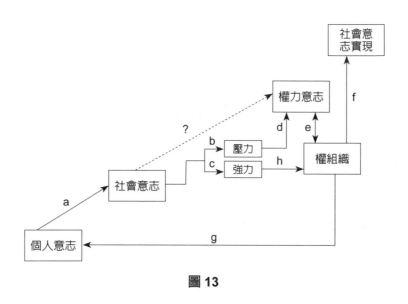

圖 13

當「權力意志」脫離「社會意志」，會通過「權組織」(e)扭曲「個人意志」(g)，聚合爲「社會意志」的扭曲(a)。多數情況下，「社會意志」的反扭力以「壓力」方式表達(b)，作用於「權力意志」(d)，如果「權力意志」能相應調整和改革，便可通過「權組織」的權力實施(e)，一方面使「社會意志實現」(f)，一方面緩解「個人意志」的扭曲(g)。如果「權力意志」不能通過自我調整和改革釋放「壓力」，「社會意志」的反扭力

就會形成或選擇支持「強力」(c)，推翻原有的「權組織」，以新的「權組織」取而代之(h)，形成新的權力意志(e)，新的「權力意志」再通過「權組織」(e)使「社會意志實現」(f)，緩解「個人意志」的扭曲(g)，進入下一輪循環。

在二元社會，「社會意志」通過「權力意志」得到實現。但是「社會意志」與「權力意志」之間溝通困難，需用「壓力」促使「權力意志」體現「社會意志」，或通過「壓力」促使脫離了「社會意志」的「權力意志」回歸。而「壓力」形成和傳遞存在滯後，即使是對「壓力」開放法定管道的代議制，也存在滯後並造成諸多不利。尤其對全球問題，漫漫長鏈的滯後可能導致嚴重後果。而專制體制沒有傳遞「壓力」的制度管道，僅憑當權者的自我感知，滯後更甚。如果專制權力不但顢頇遲鈍，還要鎮壓，拒絕自我調整，那時「社會意志」便只有通過支持「強力」更換權力，不但滯後，且造成社會震盪和人民苦難。

社會發展是否只能如此？圖中帶「?」的虛線代表本節提出的問題——能否找到一種方法，可以讓「社會意志」無需通過「壓力」和「強力」，無滯後地隨時實現？

9

意志的「求和運算」

【本章提要：個人意志向量求和的方法是在經驗範圍內隨時選舉「和載體」。「和載體」再以遞進的層塊不斷求出更大的向量分和，最終求出社會意志。】

「他者」不可承擔

如果說社會意志是「正確」本身，社會發展就是爲了實現社會意志，那麼首先要能進行具體的「求和運算」，以獲得眞實的社會意志。凡是不能進行具體「求和運算」的概念，都免不了被權力竊取利用。例如功利主義視社會幸福爲個人幸福的總和，追求「最大多數人的最大幸福」，因爲個人幸福不可通約而無法「求和運算」，結果便被權力打著追求最大社會幸福的旗號，或者走向專制主義──例如號稱剝奪富人能提高多數窮人的幸福而使社會幸福總和增加，最終反而變成對社會的全面剝奪；或者走向物質主義──例如把幸福簡化爲經濟數字，等同可以用客觀指標衡量的利益，最終與社會正義背道而馳。

其實無論哪種思想學說，歸根結蒂的追溯都可抵達個人意志──契約由個人意志相互達成；幸福需由人的意志感知和認定。那麼與其使用契約、幸福總量那些概念，何不直接歸結到個人意志，以及個人意志之和的社會意志？如果能找到求和個人意志的具體方法，契約論和功利主義面對的問題即可迎刃而解。

如何對所有社會成員的個人意志進行向量求和的運算，得到社會意志呢？對千百萬複雜多變的個人意志，沒有任何「他者」──不管多強大的政府或再先進的電腦──有能力處理那

種天量且瞬息萬變的信息。按照前面給出的算式（$2^{n-1}-1$），不要說國家，僅在一千人規模的群體中，理論上可能發生的最大關係數即達到 $5.35754304 \times 10^{300}$。那是一個三〇一位的整數，以地球上任何數的概念都無法把握。即使全世界人人都像當今最快的超級電腦（二〇一六年是中國研製的「神威・太湖之光」〔Sunway TaihuLight〕）那樣，每秒鐘可以數 93×10^{15} 個數，晝夜不停地數上四十六億年（地球迄今的壽命），全人類加在一塊也才能數到三十七位整數。這只是以數數代替一千人可能發生的關係，還不是真實的關係。

唯一能承擔個人意志向量求和的，是所有參與求和的個人意志。這個說法自身的邏輯已能證明這個結論——因為要個人意志承擔的，正是個人意志所做的，如果個人意志不能承擔，也就不會做。

而個人意志相互自我求和的「運算」，即是直接交流、協商與取得共識的自組織過程。因為自組織的規模受限於充分直接溝通的限度，下文先看在小規模自組織內如何實現個人意志的向量求和，然後再看能否擴大自組織的規模，實現更大範圍的求和。

個人意志的向量求和

　　每個人對不同問題會有不同的意志；不同人對同樣的問題也會有不同意志。這使個人意志的向量求和看上去非常複雜。但只要能做到下面四點，向量求和便會自然完成。

條件一　充分溝通

　　溝通的充分性和溝通範圍的大小成反比。我把可充分直接溝通的範圍稱為「經驗範圍」。經驗範圍並非僅指全天候相處的生活共同體，在現代社會更多是指工作單元、居住單元或「項目」（興趣組織、利益團體、合作生意，或幾人策劃合作等都可視為「項目」）。不管採用何種溝通方式，面對面也好，網上交流也好，都屬直接溝通。其實任何組織的任何單元廣義上都可視為「項目」。「項目」參與者不像生活共同體成員那樣瞭解彼此的各個面向，但只要在「項目」上直接溝通，以經驗接觸，瞭解彼此與「項目」有關的面向，就足以讓他們在與「項目」有關的面向上進行個人意志的向量求和。

　　不同「項目」的經驗範圍，規模限度是不同的，只要能針對「項目」的內容進行充分的直接溝通，就屬於經驗範圍。經驗範圍內的個人意志之所以能做到向量求和，以下幾點相互關聯：

一、充分直接溝通不意味取得一致，而是能夠瞭解對方，仍然各執己見只是彼此尚無法說服對方，協商則是讓各方取得妥協。

二、向量求和即是所有成員在充分溝通基礎上反覆協商達成共識的過程。

三、經驗範圍使群體每個成員資訊對稱，瞭解其他成員的狀況及全局狀況，清楚自己在「競爭－合作」曲線上的最佳點，知道他人的反應及底線，以及到哪步該退讓，妥協到什麼程度，進行步驟和怎樣落實……直到達成精確平衡，這種動態協商的「討價還價」才會終止。

四、雖然對「二、」存在各種質疑，但不可否認多數人具有基於利害考量的理性。如果沒有這一點，人類社會將無法合作，不存在秩序，獎賞和懲戒體系都會無效。事實顯然並非如此。即使的確有人看上去不符合「二、」描述的理性，從功利角度衡量似乎「不智」，其仍是在追求個人意志的滿足（哪怕只為賭氣或炫耀），符合人的基本性質。

五、最終達成的共識即是個人意志的向量和，也是該經驗範圍的「共同體意志」。

條件二　形成默契

　　對於充分溝通，語言無疑是重要的，但語言不一定能準確表達。很多人不僅難以釐清完整的個人意志是什麼，即使是針對具體問題的個別意志，也常有「說不清」的感覺，或是化成語言就走樣。語言的日常表述往往以偏概全、偏離主題，甚至言不由衷……全以語言進行個人意志的向量求和，即便最終能做到，協商成本也會非常高，且達成的共識在落實到語言的那一刻起，就開始落後於事態發展。

　　因此，個人意志的向量求和僅靠語言是不夠的，還需要語境。語言中的每個詞、每句話都是活的，蘊涵著可意會不可言傳的背景、心機、差異、暗示、態度……個人意志的向量特徵更多地存在於語境中。沒有語境，個人意志的向量求和會損失很大一部分。所謂充分直接溝通的經驗範圍，最重要就是有語境，使得經驗範圍的語言不是孤立抽象的概念，有「歷史」且「象形」，能實現全息的溝通。

　　把握語境主要靠默契。「默契」一般指無需通過語言的心領神會，通常用於形容合作佳境，但競爭也可以是默契的。當甲能切實揣摩出乙的底線，對乙的要求適可而止，乙也心照不宣地做出收斂，一樣是高水平的默契。現實中無論是合作的默契還是競爭的默契皆處處可見。語言協商只能是間斷的，默契卻可時時進行；語言協商耗時耗力，默契幾乎無需成本。個人

意志的向量求和，有了隨時存在且無成本的默契，才能成爲日常應用。

　　默契與形成文字的法規、合約，以及「醜話說在前面」或「親兄弟明算帳」的明說並不矛盾。默契只是日常溝通和操作的一種方法，與白紙黑字形成互補。遞進自組織當然離不開語言的討論協商、形成表述、做出規定、達成合約、製作精心推敲的法律文件。對於數量求和結構，自上而下的溝通相對單一，容易以統一的文字語言強令執行，但是對於自下而上人人參與的向量求和結構，相當於協商和決策過程加入了眾多變量，複雜性以指數劇增，離開默契方式便會遇到難以克服的操作障礙。

條件三　「和載體」

　　一對一的默契容易實現，自然互動即可達到。群體默契則麻煩。例如甲與乙有分歧時，丙與甲默契，就不能與乙默契，反之亦然。

　　理論上，群體默契可以通過重複博弈與整合得到。每人經過與其他人不斷地溝通、揣測、試探和較量，反覆互動，逐一對比、綜合、修正，最後認識到能統一大家的默契究竟何在，再將自己置於合適位置。當群體成員都做到這一點時，整個群體的默契即實現。

可想這種方式的複雜繁瑣，群體的人數稍多，默契所需要的排列組合關係即會急遽增長（如前述的 $2^{n-1}-1$）。簡化辦法是建立一個公共點，成員各自與公共點互動，將一對多的關係變成一對一的關係。當所有成員都與公共點達成整合時，公共點即是所有成員個人意志的向量之和。公共點因此可稱爲「和載體」。

方案可以作爲語言形式的「和載體」。每個成員各自對方案進行判斷和修正，再對其他成員關於方案的意見進行表態。方案從草案到定稿的過程是個人意志向量求和的過程，定稿便是求出的向量和。不過正如前面所說，語言形式有諸多缺陷，成本過高，日常所需的眾多決策也不可能事無巨細一一提出方案，再反覆修正。

既然默契是向量求和的有效方式，更好的「和載體」應該是自身就具備默契能力。什麼樣的「和載體」自身具備默契能力呢？可想而知，那只能是人。如果選出一人「心領神會」地與經驗範圍內的各個成員主動默契，進行整合，然後以其主動決策取代成員之間的實際協商，又能忠實和完整地體現向量和，可以將操作成本降到最低，耗時也最少。

以人爲「和載體」的邏輯與優越在於：

一、經驗範圍內的「和載體」可以準確地預知每個成員的立場與態度，瞭解他們的具體要求和願望，想像得出

他們之間每步協商的討價還價、如何互動，以及各自的底線⋯⋯「和載體」因此能以默契近乎精確地求出向量之和。

二、由於經驗範圍可充分溝通，「和載體」處於全體成員監督下，其出現任何偏離都會隨時被要求進行修正，直到與向量和一致。

三、經驗範圍使群體成員對「和載體」的偏離能及早發現、制約和修正，因此不會因滯後造成實際的惡果。

四、有了「和載體」，只有少量重大決策由群體成員實際協商，日常事務皆由「和載體」通過默契作主，免除協商成本，避免時間延誤。

條件四　隨時選舉

問題於是歸結到該由什麼人擔當「和載體」？如何保證「和載體」始終忠於共同體意志？以及在發生偏離時能立刻糾正？——不難想到，唯有選舉。

這種選舉須有兩個限定：除了要在經驗範圍內選舉，還必須可以隨時選舉。

選舉也是一種求和。不像只能表達「贊成」或「反對」的數量選舉，經驗範圍的選舉是向量選舉，能充分直接溝通，可以完整地表達每個選舉者的意志——參選人或被清楚地告知，

或被含蓄地暗示，每個選舉者對其贊成、反對、部分贊成、部分反對，理由究竟何在；並非僅僅是完成選舉的過程，而是共同體意志的向量求和過程……既有語言交流，更多是默契感應。選舉者會有不同意見，最終通過協商和妥協選出的人，其當選是共同體的意志，其本身也在當選的一刻成為共同體意志的載體。

但是，既然人人都追求個人意志的滿足，如何保證當選者不以自己意志為主，而是始終忠實地充當「和載體」呢？當然不能指望當選者可以自覺放棄個人追求。那即使一時半刻做得到，也絕不會持久。根本的制約在於——只要當選者偏離共同體意志，便能立刻將其罷免，更換新人。

因此，要求對「和載體」的選舉可以隨時進行而非固定任期，這是選舉的一個重大變化。大規模人群的選舉勞民傷財，只能定期舉行。而經驗範圍的選舉不用經費，不費時間，不用主持，無需競選，也沒有選民登記、投票程序和選票統計等繁瑣程序，能在任何時間被任何成員啟動。

一旦可以隨時選舉，便會產生一個重要且奇妙的效果——當選者履行職責的每一步都相當於面臨重新選舉。那選舉並不實際發生，只是因為有隨時發生的可能，便會先在當選者頭腦裡模擬進行。當選者為了避免隨時選舉將其罷免，必須時時事事追隨共同體意志，即時修正任何微小的偏離，從而始終保持

爲精確的「和載體」。

因此，有了隨時選舉的可能，不等於選舉會隨時發生，卻因爲有了隨時選舉的可能，促使當選者總是不懈地追隨共同體意志，不斷修正偏離，反而使重新選舉變得沒有必要，眞的選舉反倒可能更少發生。

隨時選舉的「含而不發」帶來另一個效果，即共同體只需進行選舉「和載體」的向量求和，就能實現對共同體其他事務的向量求和，卻不必眞對那些事務進行向量求和。其機制在於，共同體內所有個人意志對每件事的向量求和，會從現實轉到當選者的頭腦中進行。因爲有隨時選舉的制約，當選者的默契、修正和整合始終會與共同體意志（即所有成員個人意志的向量和）保持一致，與眞正進行向量求和的結果完全吻合，因此不再需要實際進行向量求和。若非如此，即使在經驗範圍，個人意志的向量求和也是不可能時刻進行、成爲日常操作的。

以上四個條件在現實中皆可自然產生，經驗範圍的默契隨處可見；即使不被稱爲「和載體」，小規模人群中自然形成的領袖往往就是這種角色，相當於出自人們心中的隨時選舉。這正是現實中生生不息的自組織。只要是關係平等的經驗範圍，自組織會自然形成。但是問題在於：凡是有生命力的自組織，規模一定會不斷擴大，因此總會超過充分直接溝通的限度，

不再是經驗範圍。那時便要建立間接溝通的結構，於是又回到溝通樞紐把樞紐位置據為私有、自組織變成「權組織＋被組織」、向量求和變成數量求和的起點。然而在本文的論證中，這一圈並不白繞，它凸顯出超越這種循環的關鍵——必須找到一種方法，既能始終保持經驗範圍內的充分直接溝通，又能讓自組織的規模不斷擴大。只有這樣，才能擴大個人意志的向量求和，最終實現社會意志的向量求和。

到了這一步，自然而然的方式已經解決不了，需要有所發明，有所設計。

以層塊擴大自組織

由 n 戶村民組成的村民組是經驗範圍，選出村民組長作為「和載體」，按自組織方式實現了 n 戶村民意志的向量求和。那麼再往上一級的行政村，該如何實現全村個人意志的向量求和呢？

假設行政村有一千位村民，超過充分直接溝通的範圍，無論用默契還是用語言，不管是協商還是選舉，都得不到向量之和。選出的當選者也無法靠默契求和一千村民的個人意志。當其權力意志與共同體意志發生偏離，村民既不能及時發現，也無法隨時選舉。而千人規模的定期選舉需要依賴主持人，佔據

主持位置的當權者只進行有利自己的溝通，限制不利自己的溝通，往往能繼續當選——這正是中國現行「村民自治」的現狀。

超出經驗範圍便無法實現個人意志的向量求和，但是能不能對 n 個村民組各自求得的向量和再進行向量求和，而得到行政村所有個人意志的向量和呢？按照向量求和原理，把向量分組，每組求出向量分和後，再對向量分和進行向量求和，所得結果與對所有向量直接求和完全一致。村民組長作為「和載體」所承載的本組共同體意志，正是這樣的向量分和。因此對各組長承載的共同體意志進行向量求和，得到的結果應該就是全村個人意志的向量和——也就是行政村的共同體意志。

n 個村民組長聚在一起，不超出充分直接溝通的規模，因此上節的所有論證都適用——只要讓 n 個組長們再組成經驗範圍的自組織，繼續選舉「和載體」，即可實現 n 個組長意志的向量求和。

問題在於，n 個組長參與求和的意志到底是其個人意志，還是其當選村民組的共同體意志？只有保證組長之間進行向量分和的求和，得到的才是行政村全體村民個人意志的向量和。這要求組長不僅在村民組內作為「和載體」，在組長之間進行求和時，仍要保持作為村民組的「和載體」進行向量求和，這是關鍵。

保證這一點的正是自下而上的「層塊」結構。層塊是跨層

次的，必須在上下關係中存在。在層塊結構中，中間層次的任何節點同時屬於上下兩個層塊。村民組長既屬於選舉其的村民組，同時也屬於上一級層塊——村民組長的共同體。在村民組的層塊，村民組長是當選者，是「和載體」；在上一級層塊，村民組長是普通成員，參與選舉「和載體」。兩個層塊是分不開的。

在層塊結構中，村民組成員對他們選舉的組長能夠時刻進行制約（隨時選舉），組長在上一級層塊就只能作為村民組的「和載體」參與行政村的求和，否則便會被本組成員以隨時選舉更換。

只要能確保村民組長始終以「和載體」的身分參與行政村的向量求和，村民組長們選舉的上一級「和載體」——行政村主任，就會同時是行政村所有村民個人意志的「和載體」。

由此便解決了經驗範圍對個人意志向量求和的限制，能夠在更大範圍實現求和。村民組—行政村只是上下兩級層塊，繼續擴展更多級層塊，結構和原理與之是相同的，只需把其中的村民組長換成行政村主任、鄉長、縣長或市長……每個角色都是雙重身分——既是下一層的「和載體」，又是上一層的向量求和參與者；既是下一層的當選者，又是上一層的選舉者；既是下一層委員會的主任，又是上一層委員會的委員……自下而上地如此延伸層塊結構，個人意志向量求和的人數規模便可以

不斷擴大,卻始終不脫離經驗範圍。

對於發明和設計而言,經驗範圍和自組織都是自然存在,古已有之,不足為奇,談得上突破的是把經驗範圍和自組織用層塊方式搭成遞進的結構,從而便能在無限擴大規模的同時,始終保持在既沒有權組織又沒有被組織的狀態 —— 遞進自組織。

分層不是障礙

有了隨時選舉,理論上可以隨時更換在上級層塊背離共同體意志的當選者,但是當選者會不會利用層塊之間的隔離,使其背離不被選舉其的層塊發現呢?以下邏輯可以杜絕這種情況:

一、既然層塊是經驗範圍,層塊成員對當選者的充分瞭解,除了其能力,也包括其為人 —— 究竟可信賴,還是愛搞鬼,是表裡如一,還是陽奉陰違,從而事先保證當選者的品德。

二、即使隔了層次,層塊成員也不會對當選者在上一級層塊的作為全不知曉。畢竟上下層塊有重疊部分,大事都瞭解。借用「母子結構」的概念,子結構(下級層塊)會對母結構(上級層塊)有一定的經驗延伸。圖 14 中「子」壓住「母」的部

分即表示這種延伸。圖 15 是圖 14 的俯視圖，可看到每個母結構之下有若干子結構（一個村民組有若干村民家庭，一個行政村有若干村民組……），每個子結構都對母結構有延伸。這使得當選者在上級層塊的作為受到多個下級層塊的監督。

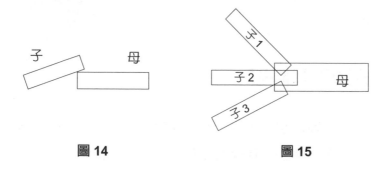

圖 14　　　　　　　　圖 15

　　三、母結構中的任何決策與行為要麼直接施加於子結構，要麼遲早影響子結構，因此即使一時未發現當選者在上級層塊背離了共同體意志，也會因為造成的實際影響而被發現。

　　四、當選者在上級層塊的行為會處於選舉競爭者的密切監督下，也是制約。

　　以上針對的是相隔一層的情況，若是隔著多級層塊，是否仍然可以保證「和載體」不背離共同體意志？或即使背離也能被隨時發現和換人呢？

首先，不管上升多少層，相應層塊的成員仍屬同一經驗範圍。哪怕全球五大洲首長組成世界聯邦的頂級層塊，駐地相距數千公里，不像村民那樣世代交往隨時見面，但他們擁有的溝通科技可以彌補。通過全息影像系統開會與同坐一室相差無幾，且電流跨越千百公里比人腿從村東走到村西快得多，比同村人見面還方便。他們無疑不會聊張家長李家短，只是共商全球政事，不必瞭解對方是否忠於妻子，或釣魚水平高低。然而他們的項目就是全球政事，無關之事毋需溝通。如果有一天是否忠於妻子真與全球政事有關，以各洲首長的情報能力隨時可以查清。

其次看經驗延伸的制約。一般來講，自下而上的層塊經驗延伸只適用相鄰的母子結構，難跨更高層次。但既然每個層塊的選舉者都受下級層塊經驗延伸的制約，基層只要能向上延伸一層，即會通過層層延伸的關係延伸到最高層。圖 16 如同倒下的多米諾骨牌，「最高層」雖不是被「基層」直接壓住，但是「最高層」的任何動作都能連鎖地傳遞到「基層」。在這個系列中，所有層塊都被「基層」壓住，形象地表明遞進自組織「基層」的意志要被層層體現和服從。

想像從俯視角度看圖 16，前面談的「每個母結構之下有若干子結構」會展示出層層擴展——最高層被若干「次高層」所壓，每個「次高層」又被若干「次次高層」所壓……一層壓

一層的每一層都是以多壓少，基層的子結構最多，相當於「最高層」被眾多的「基層」所制約。

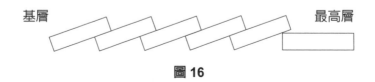

基層　　　　　　　　　　　　　　　　　　　　最高層

圖 16

對分層的主要質疑是傳遞失真。有人批評——「十次選舉選出中央政府，就意味著民意被稀釋了九次……只要一次間接選舉中民意被曲解或背棄，即使其他所有的間接選舉都嚴格尊重選舉人的意願，所產生的政府也是與民意背道而馳。」若是單純傳遞，當然如此。但是層塊結構不是層層傳遞，而是層層求和。社會意志不是從「基層」傳遞到「最高層」，而是從「基層」求和到「最高層」。既然不是傳遞過程，就不存在傳遞失真和被稀釋。層塊提升只是求和的擴大。每提升一個層次，意味更多的個人意志加入向量求和。較小的向量分和不斷地求和為更大的向量分和，直到最終求出社會意志。

即使從傳遞角度看，也可以舉一個反向例證，專制權力體系有同樣多的層次，皇帝只任免其下的大臣，就可通過自上而下逐層任免的階梯將意志施加給民眾。同樣邏輯，民眾在遞進自組織中推舉其上一層，再利用逐層遞選（相當於權力任免）

的序列，爲什麼不能把民眾意志延伸到最高層呢？二者區別只是任免方向調轉了一百八十度。事實上，因爲自上而下的權力是以少制多，皇帝一人盯一大堆官僚無法做到資訊對等；自下而上的權力卻是以多制少，每個當選者都受到來自多方的時刻監督。從這個角度看，如果專制皇帝能讓意志延伸到基層，遞進自組織的民眾應該更能讓意志傳遞到高層。當然，前者有一套保證的結構，因此後者也需要建立相應的結構。

10

遞進自組織

【本章提要：八條基本規則形成自動運轉和自我調節的機制，可生長出遞進自組織社會。】

規則

實現社會意志的向量求和，須通過覆蓋整個社會的遞進自組織。現實中覆蓋整個社會的組織只有國家政權。本文把國家政權視為「公權組織」，以「公權組織」全面實行遞進自組織得到社會意志，解決權力意志脫離社會意志的問題。

除了「公權組織」，還有為生活、生產、信仰、事業等功能和目標而合作的群體，如家族、合作社、職工持股企業、政黨、團體、教會、學術組織等，可稱「眾權組織」。眾權組織不要求、但可自願實行遞進自組織。

私有企業或機構為「私權組織」，不實行遞進自組織。

不實行遞進自組織的眾權組織和私權組織須遵守所屬及上級公權組織層塊的法律與決策。

如此實施當然需要諸多慎重周全的制度設計，但是現在進入細節為時過早。首要的是形成機制。機制無需制度那樣面面俱到，實行以下八條基本規則，便會產生自動運行的內驅力，隨之「自生自發」出相應秩序細節，並根據反饋自動調節，自我完善。

遞進自組織基本規則

規則一　遞進自組織由自下而上逐層遞進的層塊組成。層

塊規模不小於四人，不大於層塊所有成員皆可充分直接溝通的限度。

規則二　基層層塊以自由組合形成。

規則三　每個層塊以三分之二多數票權選舉與決策；以二分之一多數票權否決。每個成員的票權為其下屬所有層塊的成員數。當選者的票權為其選舉者票權的平均數。

規則四　本層塊當選者為上級層塊的選舉者。當選者任期不限，可隨時選舉。在位當選者不得屬於下屬任何層塊，不得兼有其他層塊的當選身分，亦不參加本層塊選舉。

規則五　當選者擔任本層塊行政首長，同時是本層塊和上級層塊的立法（決策）參與者。

規則六　行政人員由本層塊行政首長或其受託人任命。行政人員不可成為所在遞進自組織中任何層塊的當選者。

規則七　各層塊與其下屬所有層塊構成自治體，擁有不與上級決策和法律違反的一切權力。

規則八　公權組織層塊隨時以三分之二多數票權選舉本層塊司法官，不得兼任。司法官執行本層塊及上屬層塊立法，職權限於本層塊及下屬層塊。不得對司法官進行選舉以外的任何干涉。

說明

規則一　遞進自組織由自下而上逐層遞進的層塊組成。層塊規模不小於四人，不大於層塊所有成員皆可充分直接溝通的限度。

一、限制層塊規模是遞進自組織的關鍵之一，是否對此有自覺意識和操作，結果完全不同。前面說過有活力的自組織會自然擴大，不自覺限制，一俟超出經驗範圍就無法充分溝通，需要靠人主持，進而生成權力，分爲二元，自組織即變成「權組織＋被組織」。因此必須自覺地限制規模擴大，始終保證層塊內部能夠實現充分的直接溝通，才可避免以往的怪圈——自組織發展導致擴大規模，擴大規模後便不再是自組織。

二、根據項目不同，層塊規模的限度也不同。判斷是否達到限度只需掌握一點——如果離開主持人即無法運轉，就是超出了規模限度，層塊即應通過再分組，調整到無需主持也能自行運轉的規模。

三、層塊的再分組，要保持新的層塊規模不小於四人。因爲層塊進行重新選舉時，原先當選的成員不能參與，基層層塊至少還需要有三個其他成員才能進行三分之二決的選舉，因此最小規模需爲四人。高層層塊雖以票權而非層塊成員數計票，但從多元性考慮，也需要保證一定成員數。

四、依賴主持人和利用主持人不是同一回事。前者沒有主持人即無法運轉；後者只是爲了降低運轉成本，沒有主持人一樣可以運轉，或者說任何成員都能起到主持人的作用。如個人意志向量求和所需要的「和載體」可以視爲主持人，但在經驗範圍內選舉「和載體」，即是無需依賴「和載體」的向量求和——任何成員都能成爲選舉發起人。正是這一點保證了隨時選舉，約束「和載體」不能背離向量之和。而超出經驗範圍，選舉必須靠主持人才能進行，主持人就可以操縱選舉，其掌握的權力也難免脫離共同體意志。

規則二　基層層塊以自由組合形成。

一、自由組合的含義，一是加入哪個層塊不是強制劃分而由當事人選擇；二是需要被選擇的層塊同意才能加入；三是可以隨時退出所在層塊。

二、基層層塊是遞進自組織的主體，是要進行求和的個人意志向量之所在。保證基層層塊向量求和的眞實，基層以上的向量求和才有眞實的基礎。基層以上的層塊只是求和結構，是逐層聚合的向量分和，功用是凝聚和體現基層的向量和。

三、遞進自組織的前提在於基層層塊必須是眞正的自組織，因而不能有任何強制，必須自由組合。

四、自由組合讓有認同的人組合在一起，可自由退出能避

免不可調和的分歧或形成無法化解的僵局，也避免當選者被互不妥協的選舉者向兩端撕扯。

五、自由組合可以使少數派形成自己的層塊，避免少數混雜於多數中被淹沒，有利於保持少數派的特質。少數派的意志通過自己的「和載體」帶入上級層塊進行求和。

六、目前的公權組織是按地域區劃形成。其最小區劃（如行政村或城鎮的居民委員會）內的人口數量，也需進一步分爲多個層塊才能充分直接溝通。因此不需要打破公權組織的既有區劃，只需在進一步分層塊時自由組合，有利於與現實狀態的契合及轉型平順。

七、如果確有需要突破地域區劃的自由組合，在實行了遞進自組織後，由相關區劃的公權組織進行協商決定。

規則三　每個層塊以三分之二多數票權選舉與決策；以二分之一多數票權否決。每個成員的票權爲其下屬所有層塊的成員數。當選者的票權爲其選舉者票權的平均數。

一、採取三分之二決，是在一致性的價值理念和現實操作性之間的折衷。一方面要求絕對多數，以避免二分之一的簡單多數造成共同體近於勢均力敵的分裂，一方面仍保留一定的少數服從多數，避免僵局無法化解。

二、三分之二決固然不如二分之一決容易達成，但寧可不

厭其煩反覆協商。操作便捷只是其次。比起二分之一決，三分之二決更能促使共同體認眞對待反對意見，有利培育整體共識。

三、遞進自組織需要正式表決的情況不多。日常決策是由當選者以默契方式追隨共同體意志進行，只有要事才需層塊討論，爭執不下時才用計票表決；對當選者的重新選舉也要計票表決。這些表決都事關全局，即使不能取得全體一致，至少需要三分之二支持。

四、不必規定哪些事需要表決。除了選舉和共同體約定表決之事，任何事項只要有人提議表決並獲得規定之附議人數，即要表決。

五、因爲自由組合，基層層塊一般不會陷入僵局（否則會重新組合）。而上級層塊成員皆是「和載體」，不以個人意氣行事，而是要爲其承載的向量和（當選層塊的意志）進行理性協商和尋求妥協。如果是對總體有益之事，總是可以找到共贏方案。若無論如何不能達成妥協，便說明應該放棄，或者暫時擱置。

六、層塊成員超過二分之一票權否決，該事項即須終止，以此制約當選人的日常決策或任命；或者當決策在實施過程中發現事與願違時能夠修正。

七、票權按下屬成員數計，以使大小有別的層塊權利公

平。遞進自組織結構中的每個當選人不僅代表其當選層塊，同時代表其當選層塊之下的所有下級層塊。舉例說，鄉長在縣委員會的票權，不是選舉其的村長數，而是其所在鄉的選民總數。

八、達到足夠比例的票權附議，相應層塊就須組織下屬成員進行公決。公決結果達到二分之一票權，否決生效。

九、當選者除了不參加本層塊的重新選舉，對層塊的其他表決都要參與。這有利於其參與上級層塊立法決策時，能夠充分表達本層塊的意願，避免上下層塊出現衝突。其之所以當選，說明其在本層塊相對出眾；作爲行政者操作層塊事務，有全局視角；加上其超脫下屬各層塊，地位中立，因此當選者在本層塊的表決中應具有相應分量。由於當選者沒有下屬層塊（規則四規定「不可兼有其他層塊的當選身分」），其個人一票無法在表決中發揮應有作用，故給其本層塊選舉者票權的平均數作爲其票權，使其能在層塊表決中有效地參與，並且發揮仲裁及打破僵局的作用。

規則四　本層塊當選者爲上級層塊的選舉者。當選者任期不限，可隨時選舉。在位當選者不得屬於下屬任何層塊，不可兼有其他層塊的當選身分，亦不參加本層塊選舉。

一、由當選者作為上一級層塊的選舉者，即「逐層遞選」。

二、選舉可隨時舉行，當選者無任期限制，可長期在位，也可被隨時投票罷免。

三、為了保證當選者地位中立，履責公平，當選者不得屬於下屬任何層塊。也就是當選者原本所屬層塊若在其當選層塊的覆蓋之下，當選者須與之脫離。

四、當選者不得兼有其他層塊的當選身分，也是為防止利益衝突而失公允。同一人若在不同層塊當選，則只能接受一個當選身分，放棄其他，所以當選者在其當選層塊內是沒有下屬層塊的。

五、規定在位當選者不參加本層塊選舉，是因為選舉要決定的正是更換當選者本人與否，只需其等待並接受結果。

六、規則沒有限定當選者必須出自進行選舉的層塊，可以選舉任何人成為本層塊當選者，因為選舉者最清楚選誰最為合適以及是否可行。

規則五　當選者擔任本層塊行政首長，同時是本層塊和上級層塊的立法（決策）參與者。

一、除去基層選舉者和最高當選者，遞進自組織其他層次的每個當選者在當選層塊具有圖 17 所示的各項權力：

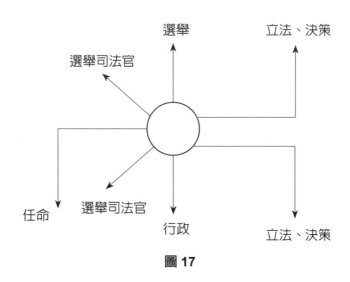

圖 17

二、並非每個層塊都會擁有如圖 17 那些正式的權力（至少到鄉鎮以上才需要），村民小組長可能只會「任命」臨時記帳員，選舉鄰里調解員而非司法官，談不上「立法」，而是制定規則和進行決策，但都可以涵蓋在圖 17 中。

三、當選者是本層塊的行政首長，主持日常事務。

四、當選者既參與本層塊的立法和重大決策，也參與上級層塊的立法和重大決策。一人參加兩層立法或決策，使其能將下級層塊的意志充分帶到上級層塊。

五、當選者沒有司法權，只有選舉司法官（法官和檢察官）的權力。其身跨兩個層塊，既可以選舉下一層塊的司法官，也可以選舉上一層塊的司法官。

六、代議制利用分權防止權力濫用與腐敗。然而如同讓一個人的腦、心、手各自獨立、互相牽制，設計再巧妙也免不了影響功能。遞進自組織無需分權即可避免權力濫用和腐敗，讓每個層塊的權力合爲一體，更符合溝通的性質。

七、遞進自組織的每個層塊皆爲自治體，相當於另一種方式的分權。代議制是三權分立，遞進自組織則是有多少層塊就有多少分權，從制衡角度更充分。

規則六　行政人員由本層塊行政首長或其受託人任命。行政人員不可成爲所在遞進自組織中任何層塊的當選者。

一、圖17中的「任命」，是對輔佐「和載體」（行政首長）履行職責的行政團隊而言。行政團隊本質上是實現行政首長意志的工具，權力出自行政首長的委讓。工具必須服從，不服從即重新任命。

二、「受託人」是指得到行政首長任命或授權者。規模較大的行政團隊，行政首長無法任命所有職位，可由受託人逐層向下任命，如元首任命部長，部長任命其下屬司長，司長任命下屬處長……

三、任命非行政首長獨斷專行。一是其在隨時選舉制約下，須主動徵求其選舉者對重要任命的意見；二是選舉者能用二分之一票權否決當選者的任命（規則三）。

　　四、限制行政人員成爲所在遞進自組織的當選人，是爲避免利益衝突。此限制對同一遞進自組織系統內的各層塊都有效。例如國家部長不可同時當選鄉鎮長，但不限制其在公權組織之外的其他組織當選。

　　規則七　各層塊與其下屬所有層塊構成自治體，擁有不與上級決策和法律違反的一切權力。

　　一、每個層塊皆爲自我管理的委員會。所謂的「各層塊與其下屬所有層塊構成自治體」，如圖 18 示意：

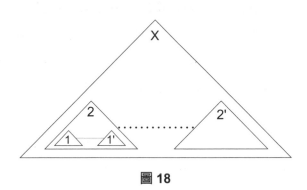

圖 18

　　圖中大三角內包括小三角，表示自治體的嵌套關係。爲簡化只畫出三層，每個三角包納的下級三角也只畫出兩個。遞進自組織是這樣一個層層嵌套、最終構成由最高層塊包納所有層塊的大三角。其中的每個三角都是自治體。例如 1 和 1' 是

基層第一級層塊。「……」代表其他未畫出的同級層塊。假設
1……1' 是村民組，2……2' 是行政村。首先每個村民組都是自
治體，自行管理內部事務——怎麼合作、制訂哪些制度、獎懲
如何執行等，都由村民組成員和當選村民組長共同決定。同
時，行政村是包納了村民組的更大自治體，其內部事務——
村民組之間的合作、關係的協調、制度的建立、利益的分配
等，由各村民組長及當選村委會主任組成的層塊決定和管理。
而 2……2' 共同組成鄉鎮自治體 X，包納了下屬各行政村及每
個村下屬的村民組兩層自治體。X 也可以是任意層級，以此類
推，層層嵌套的自治體由此不斷擴大。

　　二、這種自治從基層層塊開始，自下而上的所有層塊皆為
自治體。但不管相隔多少層，只要被包括在同一個三角內，自
治便被限定於「不與上級決策和法律違反」。這裡的「上級」
指自治體被嵌套於其中的所有三角。

　　三、服從與自治不構成矛盾，沒有服從是有自而無治。但
這與自上而下的層層統治有何區別？在傳統概念中，上級與下
級相互為「他者」關係，管束甚至壓制，與自治不相容。在遞
進自組織中，上級產生於下級的向量求和，每個下級層塊的意
志都參與向量求和，最終結果雖不會和任何下級層塊的意志完
全一致，卻是所有下級層塊的共同意志，人人有份。在這個意
義上，服從上級法律和決策正是服從自己，是自身意志在更高

層次的擴展與昇華。

四、既然遞進自組織的立法權是自下而上的，同時又要求下級法律服從上級法律，這兩種關係的並存，會導致下級一定盡量少立上級之法，以免限制自身的自治和自由。除非對下級利益十分必要的立法才讓渡給上級，否則下級就不會授權上級立法。如同專制不願權力下交一樣，遞進自組織照樣不願權力上交，盡可能保持自己作主。層層如此，導致下級的自主空間保持在最大。

五、以往所說的自治是從統治結構分出一塊，給其較多獨立性與自決權，其內部仍是統治，自治只是「自己統治」，是精英獨享的自治。而真正的自治應是全民的，即從每個社會成員個人開始，所有層次所有層塊皆自治，個人意志、集體意志、社會意志都得到體現——只有遞進自組織能做到這種全民自治。

規則八　公權組織層塊隨時以三分之二多數票權選舉本層塊司法官，不得兼任。司法官執行本層塊及上屬層塊立法，職權限於本層塊及下屬層塊。不得對司法官進行選舉以外的任何干涉。

一、司法官主要指法官和檢察官。

二、司法官以三分之二多數當選，因此不需要聽從行政首

長；司法官由本層塊選舉，因此也不需要迎合基層民眾。

三、除了對司法官的選舉，任何人和機構都不得干涉司法官履職，保證司法獨立。

四、更換司法官要達到三分之二多數，意味哪怕面對的反對者超過二分之一，司法官仍可堅持其主張。

五、司法官服從層塊的三分之二多數，那是共同體意志，相對穩定；遞進自組織的上級立法高於下級立法，限制下級立法不能隨意更改，進一步保證司法穩定，因此不需要用法官終身制保持司法的穩定性。

六、隨時選舉司法官的可能性，能讓司法官的履職更加符合共同體意志或社會意志，避免僵化和教條。

七、司法官不得兼任其他職務，避免利益牽扯，保持中立。

八、上級司法官的權限高於其層塊下屬的各級司法官，可對下級的司法進行重新裁決。

九、涉及層塊之間的法律糾紛和案件，交由上級司法官裁決。

十、專職司法官和司法機構在一定級別以上才需設置，下級層塊可設置無機構或非專職的司法官。

遞進自組織社會

遞進自組織實施於公權組織雖是前所未有的革命，社會卻不會因此「翻天覆地」，大致會與當今的自由民主社會相似——有人權、法治、自由經濟，有言論出版、結社組黨、宗教信仰的自由；示威集會、社會運動都可進行，眾權組織和私權組織有充分的自治空間。普通民眾直接感受的只是公權力選舉的變化——代議制社會的民眾可能會在心理上認為是退步（不再直接選舉高層職位），但實際境況不會變差，長期發展會更好；專制社會的民眾則會當作進步，實際境況也得到改善。

下面對實施上述規則將導致的社會變化做一些展望，並非是定論，只是幫助想像和理解遞進自組織社會。

政體

首先的問題是有無政府？從政府的定義——於某個區域訂立、執行法律和管理的、由相應機構組成的一套政治體系——而言，遞進自組織社會當然有政府。但是其政府由全民組成，或者說囊括了全體社會成員的遞進自組織本身即是政府——在這層意義上，又和無政府主義的分散管理和大眾參與之理念有某種契合。

遞進自組織的政體是「逐層遞選制＋遞進委員會制」——

每個層塊都是一個自治委員會，由層塊所有成員構成，決定本層塊的大政方針，進行選舉；當選者是本層塊行政首長，執行委員會所制定的大政方針；同時當選者作為「和載體」成為上級委員會（層塊）的成員，與其他成員共同決定上級層塊的大政方針，選舉上級層塊行政首長……如此遞進，層層向上，直至覆蓋整個社會。

以往委員會的稱呼被濫用。真正的委員會首先要保證每個委員都能充分交流和表達，所有成員的發言權和決策權完全平等，避免主持人控制，因此委員會的規模只能在可充分直接溝通的經驗範圍內。當社會的公權組織是全民自下而上形成的遞進委員會系統，政府是由全民參與的，每個委員會主任將不是以其個人意志，而是以其承載的共同體意志在上級委員會進行向量求和，既考慮讓本共同體得到最大利益，也要與其他委員（代表各自共同體）進行妥協。

委員會不像大規模表決那樣面對孤立問題進行單次投票，而是面對系列問題的長期合作。委員會決策往往能一致通過，正在於充分綜合了各方意見。因為每次要解決的問題不同，委員會不會形成不變的多數派和少數派。各方都可以期望這次讓步會在下次換取對方讓步，從而形成長期的交易機制。少數服從多數的表決只是為了打破僵局才偶爾為之，成為常規就意味委員會失效。

之所以代議制需要競選，是因爲大規模群體中的選舉者沒有其他方法瞭解參選人，競選是參選人與選舉人之間的溝通方式。在經驗範圍，選舉人瞭解參選人，也能隨時與其充分溝通，競選便不再需要。代議制中，想贏得選舉需要動員選民，運用媒體，進行宣傳，策劃公關，由此帶來的籌措資金、吸納人才、調查研究等都非個人可爲，必須依靠政黨。而經驗範圍的選舉者和被選舉者互相瞭解，層塊內選舉方便，因此遞進自組織社會雖不禁止組黨，政黨卻不再與掌權有關。

每個當選的「和載體」並非機械地承載已求出的向量和，只進行被動代表或傳遞，反而選舉「和載體」就是爲了利用其「默契」主動完成大部分日常決策，其他成員只參與大政方針。這必然要求「和載體」具有獨立性，有準確把握共同體意志的智慧，並以主動決策和領導使之實現；也要求「和載體」進入上級層塊後不是被動執行指令，而是主動與其他「和載體」協商、交易、妥協，其被賦予的自主空間並不小於代議制的「代議士」。但那並非是給其的權力，而是其須盡的義務。

參與

一、**低成本參與：**對於全民參與社會管理的質疑，往往集中於人們是否有這種意願。遠非所有人都熱中於公共事務，哪怕與自己有著非常直接的關係，許多人也漠不關

心，因此才需要政客代議，甚至連選舉政客都懶得參與。其實，獲得承認、進行分享、追求理想等公益心人人皆有，只是很大程度取決於須付出的成本。如果參與成本低於分享願望，便會改變冷漠。遞進自組織的基層民主本身成本就不高，所有成員的共同參與使成本進一步分攤。且多數日常事務並不需要全體成員進行實際協商，而是由「和載體」在頭腦中模擬，更使參與成本降低。

以往人們不參與公共事務的另一原因，是在大規模群體中可以搭便車。而在遞進自組織的經驗範圍，搭便車無所遁形，從而失去熟人群體的尊重，以致不再是最優選擇。

是否積極參與公共事務的問題，只需要解決遞進自組織的基層層塊，其他層塊皆為「和載體」，根本不允許存在這個問題。「和載體」之所以能當選，對其的基本要求就是積極參與公共事務，且受到經驗範圍的選舉者時刻監督。

二、**開放參與**：眾權組織自行決定組織方式，若認為沒有必要和公權組織發生聯繫，可以只做獨立的社會團體；但是其自身若實行遞進自組織，便可以被納入公權組織。所謂的納入，即是該眾權組織推選的「和載體」被相應的公權組織層塊接納為成員，參加公權組織的決策，進行該層

塊的選舉。其參與表決的票權，是該眾權組織的成員數。

　　這會吸引一些眾權組織實行遞進自組織，以獲得被納入公權組織的資格，從而對公權力發生影響，有利於自身發展和宗旨的實現。眾權組織在代議制下只能通過局外製造壓力影響公權力，有無作用取決於公權力接受與否。在遞進自組織社會，眾權組織通過納入公權組織可以直接參與公共決策，自行發揮作用。

　　私權組織是所有者的個人領地，不實行遞進自組織。私權組織的雇員可以建立自己的眾權組織（如工會或監督機構），若實行遞進自組織，也能納入公權組織。對公權組織而言，私權組織的老闆與雇員的權利等同，因為雇員的人數多，總體影響力便比老闆更大，公權組織的決策因此會向雇員傾斜。同時，遞進自組織的逐層提煉理性可以避免民粹主義，既抑制私權組織的惡，也保留其對社會有利的一面。

三、**多方位參與**：傳統社會的工作地和居住地在一起，現代社會多數人的工作地和居住地則是分開的，若依然限制公民只能在單一地域參與顯然有問題，應是既可參與居住地的公權組織，也可同時參與工作地的公權組織，亦可從所參與的眾權組織納入公權組織，通過不同管道將公民在不同領域的個人意志立體地體現到公權組織的各種決策

中。

　　現實中經常看得到積極者佔優勢的情況，遞進自組織是否會在積極者與消極者之間形成實際的不平等？在無法充分直接溝通的人群中，外在表達發揮主要作用，積極者因此可以脫穎而出。但是人皆有看法和反應，積極或消極只是外在表達的不同。在能夠充分直接溝通的範圍，外在表達不是決定性的，消極者通過其他方式（表情神態、肢體語言、行事方式等）一樣能夠表達，並被其他成員準確感知（通過默契），因此積極者和消極者的優勢差別不會那麼大。

　　也不會因為人參與項目的多少而導致影響力不平等。因為每個項目只解決相關項目的事，選舉的只是項目的「和載體」，不涉及項目之外的其他事。積極者參與的項目數量多，只相當於其分別表達了針對不同事項的個別意志。其參與工會遞進自組織表達的意志，與其參與環保遞進自組織表達的意志，即使都被納入到公權組織中，卻不等同於數量求和中的一人投兩票，對向量求和仍然是「1」，只是更多面和立體。消極者參與項目少，是因為不看重其他方面，只要在看重的方面與他人影響力一樣，對其就夠了。

四、宏觀參與：如果民眾只關注選舉總統、議員，聽起來

大，實際參與卻很低——每隔幾年才有幾分鐘投票。而在遞進自組織的基層，普通民眾時刻參與公權力運作，像滴水匯成河那樣延伸到公權力的最高層塊。但是現代科技讓基層成員能夠放眼世界，對宏觀議題的各種看法似乎非得選舉總統或議員才能對等，單靠遞進自組織的基層參與無法滿足。這是遞進自組織不如代議制之處，卻是必要的不如，是遞進自組織與代議制的基本區別所在。

平民當然有權關注並參與層塊之外的事務。雖然其在遞進自組織的參與可通過「和載體」向上傳遞，但要經過好幾道間接環節，不能讓人直觀地信服自己的意見已得到了表達。且人性總是寧願直接行使權利而不要間接中轉。對此，首先可以利用言論出版、結社組黨、示威抗議等其他表達管道，對任何層次的事務進行批評、提出要求；其次可以通過串聯動員，只要能獲得相應範圍二分之一成員的支持，根據遞進自組織規則三，就能否決該範圍最高層塊的決策，包括選舉結果——相當於罷免該範圍最高層塊的當選人。這種直接罷免和代議制普選相比，門檻並不更高，卻隨時可以進行。

五、精英參與：「和載體」當然算政治精英。區別在於二元結構的政治精英與民眾是分離的，精英主要追求個人利益；遞進自組織的政治精英由逐層遞選產生，只能作為

「和載體」，與共同體意志出現任何偏離都會立刻受到制約。

隨時選舉成為有效制約的前提，需要「和載體」的位置是被人追求的，罷免則是當選者力圖避免的，制約才能成立。高層位置沒有問題，自會成為眾多有政治抱負者的競爭目標；縣鄉長一類位置也不會缺人，那除了是在逐層遞選階梯攀登的中間階段，也是不錯的職業。關鍵在於基層職位能否吸引足夠的參選者，並在當選後受隨時選舉的制約？類似村民小組、業主小組的基層當選者，面對的皆是瑣碎小事，卻無榮耀和利益。而遞進自組織隨時選舉的制約只要在基層無效，就等於失去源頭和根基，導致整體無效。

吸引基層當選者的，主要不能靠物質激勵。假設每家出一人，代表基本一致的家庭利益和訴求參與基層自由組合的層塊，平均每個層塊十家（三、四十人），涵蓋中國人口就得有三、四千萬個這種基層層塊。若用金錢激勵這一層當選者，少則不起作用（甚至是反作用），多則難以負擔。事實上，這層當選者需要的條件不高，多數人都能承擔，不會缺了誰就不行。當選者的主要動力應是公益心。自由組合多為親朋好友或共識同道，能當選說明受到大家擁戴和信任，已是激勵，論金錢反而失去這個意義，

反會削弱人的動力（美國心理學家德西〔Edward Deci〕
以實驗證實諸如報酬等外在動機對內在動機具有「驅逐效
應」）。何況需要基層當選者做的事不多，順手即可完成，
一般無需耽誤個人主業。其所做的服務與層塊成員關係緊
密，會被看到並感激，也會按人情往來予以回報。這些因
素的綜合，是這層「和載體」的責任心基礎，而遭到罷免
在親友同道中丟的顏面，則能起到約束其追隨層塊意志的
作用。

　　基層「和載體」的位置沒那麼吸引人，其實有利於避
免激發類似動物群爭奪首領的那種競爭，容易使參選者和
當選者保持理性。不特別在意當選，就不會明知不對也要
為選票迎合，而會更多考慮全局和長遠，堅持自己認為正
確的想法，並去說服層塊其他成員，對基層意志的形成起
到引導作用，從而更會符合層塊的整體利益。而選舉人也
不會對當選人有極端要求和壓力，這相當於在源頭就對民
粹主義進行了緩衝。

　　只要基層「和載體」是真實的，遞進自組織便有了保
證，往上的層級只是不斷求和成更大向量和的過程。越往
上的「和載體」工作量越大，要如何激勵，給什麼利益，
給多少，怎麼給，遞進自組織的機制會「自生自發」地兼
顧各個方面進行調節。

　　另外，遞進自組織相當於給每個社會成員一視同仁地開放從基層上升到最高層的通路。只要本人有願望，唯一取決的只是工作能力與盡職態度。如果一個人的綜合素質總是超過同層塊其他成員，就能在逐層遞選的階梯上不斷被選到更高層塊，沒有其他障礙，一直達到其素質與職位的平衡點，即便那平衡點是國家元首。這種「條條大道通羅馬」，可以產生類似科舉制的激勵，讓從基層起步的有志者通過層層忠心服務不斷攀登，社會亦可實現人盡其才。

選舉

　　經驗範圍的逐層遞選和隨時選舉是保證遞進自組織的關鍵，其與代議制選舉的主要區別也在此。如果讓皇帝每隔幾年才能任免一次大臣，都會認為不可思議。皇帝之所以能把權力貫徹到底，很大程度上正是在於其對官員任免是隨時的。為何源自人民的權力就只能定期任免（選舉）？甚至還要被認為合理呢？

　　代議制選舉的規模巨大，每次都得大動干戈——競選、登記選民、設立投票點、全民投票……成本高昂，勞民傷財，且須由專門機構主持，因此只能定期選舉。那不是因為合理，是不得已。

列舉定期選舉的合理性，主要說的是固定任期可以給當選者緩衝空間，給代議士協商和妥協的自主權，以保持理性和長遠利益的考量，免受民粹主義急功近利的裹脅。然而遞進自組織已經能夠更好地解決這種問題，無需靠定期選舉，反而需要通過自發方便、成本低廉的隨時選舉，進一步保證權力意志不脫離共同體（社會）意志，使社會意志隨時得到體現。

前面說過，「隨時選舉」的含而不發，導致當選者每次決策和履責前，都會在頭腦中進行「模擬選舉」，確信得到多數贊同時才會實行，因此選舉便無需發生。但是還有一種擔心，遞進結構的環環相扣會不會在下級當選人被更換時，導致上級當選人隨之變化？的確，一個新當選的鄉長可能會要求重選縣長，但是其遠達不到替換縣長所要求的三分之二多數。除非原本要求重選縣長的選舉人只差一票就達到三分之二，或是那個縣的多數鄉鎮同時換了新當選人，才能更換縣長。前者說明縣長已經應該更換，後者的概率很小，因此不必擔心。

不過，那位新當選的鄉長如果調整了其承載的向量和，不會因為不能更換縣長而導致完全無法體現。新鄉長在縣級層塊中的種種參與，會盡力體現其新的調整，從而讓調整按照應有的份額體現在縣級層塊的向量求和結果中。未被更換的縣長在決策時，也會考慮新鄉長需要的調整。類似疑問和細節還會有許多，在遞進自組織的機制中都可以得到解決。

遞進自組織看上去只是一種簡單方法，是否能實現權民合一那樣的社會變革？不妨看一下有無競選的簡單差別，造就出兩種全然不同的社會，就可以相信方法的效果足以驚人。遞進自組織的兩個要素——經驗範圍逐層遞選和隨時選舉，作為方法都足以與競選在同一量級，因此完全可以期待同樣分量（如果不是兩倍分量）的社會變革。

立法

這裡的「立法」是廣義的，既指國家法律，也可以指一個工廠的制度或一個村莊的鄉約，包括各種規定，因此遞進自組織中的任一層塊都可以有這種「立法」。區別是高層塊的立法精確成文，適合司法裁定，低層塊人少且溝通方便，無需太正式，甚至口頭協議即可。

公權組織的最高層塊——如中國三十四個省市（直轄市）區（自治區）的當選首長加上他們選舉的國家元首組成的國家委員會——按這種方式進行國家立法，會帶來顯而易見的質疑：這三十五人有足夠代表性嗎？又有沒有足夠的立法能力？或者他們有足夠時間研究立法嗎？而若把精力都放在立法上，又如何完成行政首長的職責呢？⋯⋯

首先在遞進自組織結構中，這三十五人都受其所在省市區層塊的選舉者制約，立法不是按其個人意願，而要得到各自選

舉者的贊同。假設每個省市區層塊有下屬三十個地州市長，就
等於有上千人參加了國家立法。那些地州市長對重要立法也需
徵求各自選舉者的意見……這樣一層層推下去，最終可以囊括
全體社會成員。並非說全體社會成員真的都會參與國家立法，
但是遞進自組織的結構與機制的確提供了這種可能。

　　對立法者的能力和精力不必擔心。一是遞進自組織自下而
上的層塊自治決定了上層法律會被減到最少，立法工作量不會
像現在這樣往上層集中；二是層塊越高資源越多，省市區級有
專門的法律部門負責提出和研究法案。省市區首長參與國家層
塊的立法，不會需要很多的親力投入，主要研究都是由下屬部
門完成，各層立法皆會如此。

　　舉例說，當相關職能部門草擬了汽車排放標準的新法案交
給國家委員會審議時，各省市區首長不會親自研究汽車尾氣成
分，先由其下屬法律部門請各方評估，從本省經濟、環境等方
面提出修改，把意見報給首長及本省委員會各委員——即本省
各地州市長。地州市長們也會讓下屬法律部門從經濟、環境等
方面評估，決定該地州市長在省委員會討論法案時的立場。一
般情況下，省市區首長會以下屬地州市首長中的多數意見，決
定其在國家委員會對法案的投票。若省市區首長有三分之二贊
成，方案方可成為法律。可以看出，之所以各級立法者不會承
受不了立法負擔，一方面是因為有職能部門分擔，一方面是立

法者只需按其當選層塊的決議進行表態。這種立法可形容爲自下而上的「遞進立法」。

行政

一、遞進自組織既是進行個人意志向量求和的結構，也是使向量和得以實現的結構；既是自下而上的選舉、立法和決策系統，又是自上而下的行政、執行系統。

二、行政事務由行政首長指揮行政部門完成。凡是符合上級層塊立法的行政，下級層塊和成員都須服從。

三、對本層塊的不服從者，行政首長可採取行政措施使之服從或加以制裁。下級層塊的不服從者由下級層塊處置。

四、根據管理職能需要，上級行政部門可向下延伸，在下級層塊設置必要的派出機構完成必要職能。因爲自治體總是盡可能避免干預，這種行政延伸將在最早可結束處被結束。

五、行政首長隨時在本層塊成員的監督和制約之下，但其擁有相當的自主空間。日常事務無需由層塊成員討論表決，由行政首長自主決定。這種自主在本質上是其作爲「和載體」對共同體意志的默契。

六、對行政的不滿，或可通過層塊成員以三分之二多

數改變行政所執行的立法,或以二分之一多數否決行政決定(規則三),或以重新選舉更換行政首長。

　　七、不必擔心隨時選舉導致政策缺乏連貫性。一方面如前面解釋的隨時選舉不會頻繁發生;另一方面政策不是出自當選者,而是出自選舉者,更換當選者是因為其沒有忠實執行選舉者制定的政策,更換結果只能使政策更為連貫和穩定。

　　八、不必擔心行政首長擁有行政機構而對層塊內其他委員形成強勢,因為每個委員都是其當選之下級層塊的行政首長,都擁有各自的行政機構。

司法

　　司法的專業性強,須由專家進行設計,因此司法的具體方式可在公權組織實行遞進自組織後再加以規劃。隨著遞進自組織規則第八條實施所啟動的自生自發機制,會通過反饋—調節的循環,為形成並完善司法體系補足所需的細節。

　　遞進自組織社會的司法實踐和法學理論會與今日有諸多不同,法律盡可能精簡,「國家越糟法網越密」的狀況改觀,多數糾紛由下級層塊自我仲裁和調解,無需進入司法程序。

　　例如,層塊委員會對本層塊的訴訟與案件先行「初審」(跨層塊案件由上一級委員會初審),做出裁決,若當事雙方都

能接受，便可就地解決，否則由不服的一方繼續上訴，才進入正式司法。這種初審不需要依據法律條文和確鑿證據，而是借助類似傳統社會的家族長老、鄉村士紳或社區領袖那類評斷因素──即良心、直覺、仁愛，以及個人的經驗與智慧，以擺脫法律的繁瑣，平衡法律的無情，降低法律成本。這不一定足夠專業，但和陪審團的原理類似，是在直接聽取當事人的控辯過程中，得出符合情理和良知的直覺判斷，可以比法律更簡潔地解決問題，且少留後患。

司法無情，只認條文，不論動機，犯法即為有罪。司法過程曠日費時，成本高昂，求助法律者往往不堪承受。只要進入法律程序，這些都無法避免，因為法律若有通融會動搖根本。而初審可以先在人與法之間加一層緩衝，把動機和結果放在一起考慮。人不該因為無意或偶然犯錯成為法定罪人，或是爭執雙方非得打出你贏我輸。不過也不必擔心會造成枉法，一方面層塊委員會的成員始終在選舉者制約下，另一方面初審結果不會被強制接受，不接受者仍可以把法律程序進行到底，因此既不會損害法律的嚴格，又給合理通情留下了空間。

司法獨立性不能太大，亦不能太小。無獨立，難免不被社會情緒和行政需要裹脅，則法不成法；完全獨立，又易陷入教條，反成為發展障礙。當相應層塊的三分之二多數都反對司法官時，便可以認為其獨立性超過了合理界限，應該調整。可隨

時選舉司法官，與要求的司法穩定性並不構成矛盾。道理如前面談選舉時所說，隨時選舉只是一種含而不發的可能，使得當選者每次履責前在頭腦中模擬選舉，以得到多數的贊成，從而實際發生的選舉可能比定期選舉還少。

作為公權力，遞進自組織隨時選舉之結果須有法律確認和公示，保證當選者被上級層塊接納，防止冒名頂替或各執一詞，這是上級檢察官的職責。檢察官還負責眾權組織納入公權組織的認定，查證眾權組織成員數量，決定其票權，授予其權限等。這些查證對於人工操作而言相當繁複，對電腦和網路技術則輕而易舉。各級檢察官的另一職責是檢查下級層塊的立法，如發現與上級立法相衝突，須要求修改，或起訴法院裁決。

警察應該由行政首長管轄。因為除了執法功能，警察還有大量社會服務和行政服務，不能出現行政首長指揮不靈的情況，因此警察首腦應由相應層塊的行政首長任命。不必擔心警察成為行政首長的私人工具，一是行政首長受層塊隨時選舉的制約，無法濫用權力；二是層塊對任命有否決權，隨時可以用二分之一否決將警察局長撤職；三是警察執法還會受到檢察系統和法院系統制衡。

制衡

遞進自組織不能只靠人自覺遵守規則，必須考慮人性可能存在的問題。建立足夠制約，既讓下級有約束上級的能力，也讓上級有約束下級的能力。前者保證自由，後者保證秩序，二者不可或缺。

在遞進自組織規則中，相應的制約分散於不同條文，不一定能得到凸顯，因此不憚重複，這裡繼續細談。

遞進自組織中，下級約束上級的根本能力在隨時選舉，但是有些情況未到需要重新選舉的地步，如只對當選人的某個決策有異議，並非想更換當選人，便可通過層塊表決的方式，只要超過二分之一票權否決，當選人的決策即須廢止。

這種否決方式是可以向下延伸的——即層塊的下屬層塊成員也可進行這種表決。例如鄉鎮長組成的縣級層塊做出的決策受到村級當選人質疑，縣級層塊卻不為所動時，村級當選人便可相互串聯進行表決，全縣村級當選人的否決票權若能達到二分之一，縣級層塊的決策同樣要廢止。如此可以繼續向下延伸，直至全體選民以一人一票進行表決——即公決。

逐層遞選的制約能力在沒有被實踐充分驗證前，會擔心因為中間隔了層次而使普通選民無法表達對宏觀事項的關注，以及不滿高層卻沒有管道施加影響，因此需要為這種擔心保留打破隔層的手段。上述方法正是普通民眾，包括政黨、NGO、

在野政客等都可利用的——不管哪個層次，多大範圍，只要能在相應範圍內動員到二分之一的票權，即可否定該範圍最高層塊的決策或官員任命。對於進行這種直接介入，今日代議政治的許多手段仍能大顯身手。

將公權力橫向分割爲立法、行政、司法，使其各自獨立的分權制衡，在西方政治思想中被認爲是保障自由的基石。但分權不是唯一的制衡方式。遞進自組織把公權力劃分給每個層次的每個層塊，使其自治，再把不同的自治體合成更大的自治體。在這種合權過程中，也一樣可以產生制衡，我稱「合權制衡」——從個人開始，隨遞進自組織自下而上合成更大的自治體，不斷通過協商進行決策和立法，通過隨時選舉產生「和載體」，既是把自治權合在一起的過程，也是相互進行制衡的過程。遞進的層塊越高，下屬自治體越多，形成的合權制衡也就越強。

如果分權的目的是打破公權力一統，使其不被同一官僚機構肆意濫用，自治是比分權更有效的方式。有多少自治體就有多少分權，比三權的分權更多，同時自治體內又可保持公權力的一體，避免分權所導致的 vetocracy，有利於公共服務。

人們會擔心，遞進自組織的各層塊皆自治，能否保證統一管理？會不會出現本位至上，拒絕妥協，不顧全局的情況？其實這種問題代議制也同樣存在，事實證明可以解決。相比之

下，遞進自組織應該解決得更好。一方面有逐層提煉理性的性質（見下章）；另一方面只要成員或成員體尋求合作，便不會一意孤行，否則就得不到合作。

雖然遞進自組織也有司法和強力，但是杯葛將會作為制約不合作或不守約的主要方式。假設某個「和載體」拒不執行上級法律和決策，並受到選舉其的層塊支持，其他層塊可聯合起來對其進行杯葛。因為上級法律和決策是自下而上做出的，該層塊拒絕的便不是上級，而是其他層塊。這是其他層塊對其聯合杯葛的正當性所在。遞進自組織的機制容易實現聯合杯葛。任何層塊遭遇聯合杯葛，造成的困境會遠大於其接受上級法律和決策帶來的暫時不爽。如果其繼續堅持對抗，最終亦可以將其逐出共同體。

被逐出者（或自動退出者）可以加入接受其的共同體，也可和其他志同道合者組建新共同體。遞進自組織提供相應的制度安排。但也不排除個別人無論如何無法合作，總是衝動行事、甚至蓄謀犯罪；或是有些情況不允許用逐出方式解決，如國家不會將某塊地域連同其上拒絕合作的共同體逐出。但如同任何民主國家對此類情況都有相應手段一樣，遞進自組織社會也會有防止犯罪的機構，以及軍隊警察等作為守護法律和秩序的最終手段，同時會像任何民主國家那樣受到不可濫用強力的制約。

關於僵局

　　這是對遞進自組織可行性的主要擔心之一。以三分之二決
選舉和決策，需要很高的共識度，否則會陷入選不出人或做不
出決策的僵局。美國民主黨曾實行黨代表大會以三分之二多數
提名總統候選人，最多時經過一〇三輪投票才得到結果，最終
不得不改為簡單多數提名。而遞進自組織的僵局不僅在於一個
環節，假設某鄉鎮有十個村，其中四個村陷入選舉僵局導致村
長空缺，其他六個村的村長達不到鄉鎮層塊的三分之二，就無
法選舉鄉鎮長，鄉鎮行政管理隨之癱瘓。這種僵局可以不斷向
上延伸，推而廣之，整個遞進自組織公權體系都可能因此癱
瘓。如果採用任期制，想方設法過一次關至少能維持幾年。遞
進自組織的隨時選舉則意味僵局和癱瘓隨時可能發生。「堅定
少數派」即使不能達到自己目的，只要能過三分之一，就可以
在面對無窮議題的過程中隨時行使否決權，通過造成上述之連
鎖癱瘓使體制停擺，讓自己反對的對象不能上任，或讓反對的
事項無法進行。

　　這種擔心當然有道理。但是「堅定少數派」在遞進自組織
中不會成為常態。既然基層層塊是自由組合，總處於反對狀態
並且不妥協的人就不會進入組合，而是去加入其不反對的組
合。自由組合當然也會出現不同意見，但基本狀態是共識與合
作，各方會有妥協心（否則組合會解散）。少數派即使對最後

結果仍未滿意，身處長期合作的共同體，知道讓步會在自己下次成爲多數派時得到補償，明白遵守少數服從多數的規則對每個成員都有好處。

　　同樣道理也適用於上級層塊。其成員爲下級層塊當選人，會較少帶入個人意氣，更爲理性、知道分寸和善於交易（包括妥協）。而層塊規模限制在充分直接溝通的範圍，比起美國民主黨代表大會那種難以溝通的規模，取得共識更是容易得多。

　　公權組織的上級層塊一般不能自由組合，如鄉鎮不能退出此縣加入彼縣。當多數鄉鎮決定把垃圾場建到某處，周圍鄉鎮的當選人在本地民眾群情激憤的要求下堅決不同意，形成「堅定少數派」的情況可能發生，垃圾場因此無法建設。但這未見得是壞事。試想在超過三分之一的反對時，以二分之一決強行通過強制執行是否就好？三分之一強的反對即使一時被壓制，矛盾仍在。實行二分之一決將會不斷製造和積累這種矛盾，直到積重難返。三分之二決的基本理念在於共識度不達到相當程度，寧可議而不決，修改方案，尋求進一步妥協，也不要壓下矛盾換得的效率。民主決策從來不會比專制決策的效率高，卻正是民主的優越所在。好的議題被耽擱沒什麼了不得，好事不怕晚。即使是緊急事務，耽擱了地球也照轉。如果眞是不能延誤的情況，大家都會受傷害，相信在可以充分溝通的範圍內，理性一定能找到超過三分之二共識的合適決策。

　　共同體內若是產生了無論如何不能化解的反對派，持續僵持，陣營固化，如支持同性婚姻和反對同性婚姻，或不同民族的群體，那就說明共同體應該分家，各過各的。遞進自組織爲這種分離提供相應的機制。

　　有些觀點分歧是大規模人群面對宏觀問題時產生的，往往出於偏見與局限的數量求和。加上常人對宏觀問題的表態無需承擔直接責任，因而不認眞思考，容易跟著感覺隨波逐流。而處於經驗範圍則會不一樣，如籠統而言時強烈反對同性婚姻的人，面對熟人的同性婚姻會變得寬容，至少不那麼極端。遞進自組織會把這種經驗範圍的寬容聚合爲總體的更寬容，而把數量疊加的不寬容隔離在決策之外。

　　通過協商總能找出解決僵局之道，之所以追求民主就因秉持這種信心。當然還要有相應的制度安排。例如選舉進入無法產生三分之二多數的僵局時，可以讓選舉者按優先選擇對候選人排序，統計所有選舉者的排序，將總排序最高的前幾人再由選舉者排序，反覆淘汰後，直到產生三分之二多數。如果一直無人超過三分之二，可以讓得票最多者爲代理人。代理人行使職能有限，日常決策不可全權，需本層塊其他成員共同參與。如果代理人表現好，不久會通過三分之二，或是在層塊集體行政過程中有新人嶄露頭角，逐步得到超過三分之二的信任。

　　另外一種可採取的措施是，因爲代表性不夠，代理人在上

級層塊的表決票權將被減少一半。這對該層塊的總體利益是不利的，因此可以起到促使放棄僵持、盡快以三分之二多數選出正式當選人的作用。

上面說的措施只是舉例，爲的是說明可以設想各種制度安排，避免僵局和癱瘓。具體細節現在不必太追究，當遞進自組織的機制開始運轉，便會逐步形成最佳方式。

至於對政治極化的擔心——有人就是爲反對而反對，甚至把在政治領域興風作浪當作人生意義和樂趣，千方百計製造衝突——那本是二元社會產生的怪胎，爲爭奪私有權力無所不用其極。無論是極權社會的宮廷鬥爭、階級鬥爭，還是代議制的政黨競爭，或是精英主導的民族主義、國家主義，都以鬥爭爲本，整人搞事的政客和相應的政治文化便是在這種土壤上生長的。在遞進自組織社會，「紙牌屋」式的政治技巧將失去用武之地。當不再有私有權力供其追逐，職業政客也會失去動力。屆時現實不滿有管道釋放，歷史恩怨會隨時間淡出，二元社會看似與生俱來的政治醜惡亦將自我消失。

先例與教訓

人類學描述定居社會的父系群，往往由數位已成爲祖父的堂兄弟各率數個核心家庭構成，群的人數恰好接近鄧巴數。而

數個這種父系群的家長，又可以進一步組成合作聯盟，使規模擴大到數百人。這時超出鄧巴數的下級成員發生衝突時，由雙方家長解決，或提交家長會議裁斷。遞進地增加這種層級，讓每一級都保持在鄧巴數內，形成的多級宗族組織可達到數千或上萬人規模。

最早見諸文字記載的自下而上遞進結構是八百年前的《成吉思汗法典》第二十三條——「軍隊編組實行十進制⋯⋯十人推舉十夫長，十夫長推舉百夫長，百夫長推舉千夫長」。成吉思汗並非真搞民主，他只在軍隊實行這種自下而上的逐層遞選，但其軍隊無敵天下，足以看出效用。

歷史上尋求直接參與的民主嘗試，基本都採用分層遞進結構。鄂蘭列舉法國革命的革命協會，一八七一年的巴黎公社，一九〇五年和一九一七年的俄國蘇維埃，一九五六年匈牙利革命的評議會，都有與遞進自組織相似的特徵：一是自發形成（自組織）而非由政治家創建；二是通過協商達成秩序；三是直接面對面交流的小型組織；四是低層委員會推舉代表參加上一級委員會，形成金字塔式逐層推舉的結構。鄂蘭總結的上述特徵並未都得到實現，往往只是略顯萌芽，或停留於理念。但這並沒有妨礙鄂蘭從中看出小型委員會逐層遞進取代國家，最終達至世界聯邦的前景。

要回答的是：為什麼歷史上的遞進組織結構沒有成為普及

的民主形式，反而會被專制權力利用（如蘇維埃制度和中國的人大制度）？遞進自組織與那些遞進結構的不同在哪裡？

——關鍵在於「層塊規模不大於層塊所有成員皆可充分直接溝通的限度」（遞進自組織規則一）。在組織發展期間，人數增加總是令人鼓舞的，似乎越多越好，但若不能有意識地及時通過裂變和分層限制層塊規模，一超出可充分溝通的限度，前面講過的主持人、權組織、二元結構等都會出現。

基層層塊是遞進自組織的起點，其能否保持自組織性質，決定遞進自組織能否真正形成。然而以往不看重基層，注意力都在高層。如同原始數據有問題，後面的運算再嚴謹也不會真實。若不能自覺將基層規模限制在可充分直接溝通的範圍，對當選者的制約即失效。其參與上級層塊便不依從共同體意志而依從其個人意志，權與民的斷裂也就發生，後面的遞進皆會脫離自組織，成為權組織活動。民眾仍然是無權的。從法國革命到俄國革命，都是這樣的軌跡。

事實上，無論在民間社會還是在網路空間，第一級自組織總會不斷自發產生，但始終未能讓自組織突破到第二層，原因就在沒有自覺限制規模，沒有適時地通過裂變形成分層。而一旦超出了能夠充分直接溝通的規模，就會被主持者掌控，成為其個人領地，演變為權組織＋被組織的二元結構。

從馬克思到列寧都強調，新政權隨時以選舉撤換公職人

員，或隨時召回蘇維埃代表，卻有名無實，原因也在於規模。當成員之間已經無法充分溝通，就不可能自發串聯進行重新選舉或做出召回決定。控制權在主持人手中，即便「隨時召回」當年被冠冕堂皇地寫進了蘇聯憲法，也只是無意義的文字。只有始終保證所有成員無需主持人即可充分溝通，「隨時」才可能成為真實。

明白這些，就會清楚為什麼中國人大制度形式上與遞進自組織貌似，實質卻全然不同。其規定鄉級和縣級直接選舉人大代表，恰是把層塊置於無法溝通的規模。鄉鎮通常幾萬人，縣則幾十萬到上百萬人，這種規模切斷了民眾對權力的溝通。而後面的逐層遞選——市級和省級人大代表由縣級人大代表選舉；全國人大代表由省級人大代表選舉；人大常委會由全國人大選舉……同樣也被當局用規模切斷直接溝通。如各省市區的人大代表少則四、五百人，多則八、九百人，全國人大代表更是近三千人（二〇一六年為二千九百四十三名）。每年代表們從不同地方臨時聚集開幾天會，五年一次選舉，加上不許串聯的紀律，人大成為橡皮圖章和表決傀儡一點也不奇怪。專制政權以選舉製造合法性假象，主要就是利用規模。中國人大制度典型地展示了鄂蘭所推崇的遞進組織結構如何被搞成南轅北轍。

破解不在拋棄遞進組織結構，而是要抓住其本來應有之義——把每一層塊都限制在可以充分直接溝通的規模。

11

當權民一體

【本章提要：遞進自組織讓權力從統治回歸溝通，實現逐層提煉理性的「遞進自治─遞進聯邦」。】

權力回歸溝通

　　遞進自組織既是向量求和的結構，又是權力實施的結構，兩個結構合在一起，自下而上的選舉一直到頂，逐層向下的負責一直到底。這樣的結構沒有斷裂，不存在有權和無權二元，權力包含於每個層塊，權力源頭出自民眾。

　　消除權力與無權的分離，權力就不再是民眾之上的統治力量，而是民眾對日常信息的自我處理。遞進自組織的結構看上去和權力結構依然形似，但權力結構本來就是被竊取的間接溝通結構，二者的區別在於權力源頭在上還是在下，決定了一個是統治結構，一個是溝通結構。

　　權力原本是實現溝通的結構和工具，卻被異化成統治民眾並與民眾對立的權力元。金字塔尖的當權者以個人意志行使權力，即使正好與社會意志「吻合」而使社會意志得到體現，權力也是其私有。遞進自組織的當權者作為「和載體」，只能以其承載的共同體意志或社會意志行使權力，才是權力不再私有的標誌，使權力重歸其原本應有之義。

　　第八章提出的問題：「能否找到一種方法，可以讓『社會意志』無需通過『壓力』和『強力』，無滯後地隨時實現？」──答案就是遞進自組織，通過層層向量求和，以「和載體」取代權力意志，就不再有權力意志對社會意志的扭曲，社會意志得

以隨時自我實現，也就不再需要用壓力或強力去調整、更新權力。

真正 by the people

　　民主是當今的政治正確。然而真心相信民主的人並不像口頭相信的那麼多。對於精英，民主往往只被作為反對專制的合法性來源，卻非可靠的政治方式。世界仍然只能由精英領導，民主必須由精英代議，人民的作用只是在選舉日進行授權，其他時間仍然接受統治。不能說是精英存心架空民主，也不能怪他們認定人民缺乏參與民主的意願和能力，有遞進自組織之前，的確沒有其他方法實現真正的民主。

　　遞進自組織的當選者和代議制的當選者，區別在於前者不是「代理人」，而是「和載體」。「和載體」與「代理人」不一樣。「代理人」以其個人意志行事，雖然當選與否由選民決定，需要迎合選民，但由於選舉規模超出經驗範圍，且只能定期選舉，選民既難以準確判斷其是否真正符合社會意志，亦不能及時對其制約，反而還可能受其對數量和的操縱。「和載體」則是「向量和」的體現者和執行者，受經驗範圍的隨時選舉制約，任何時候都得按照「向量和」行事，因此不再是「代議」，而是對共同體意志（最終達致社會意志）的直接表達。

　　林　肯　的「government of the people, by the people, for the people」（孫中山採納的「民有、民治、民享」之翻譯廣爲人知，但不如胡適譯的「吾民所自有、所自操、所自爲之政府」清楚），其中關鍵在於 by the people。只要做到 by the people，of the people 和 for the people 都會自然而然地應驗。但問題在如何 by the people ？如果民眾無法「自操」政府，by the people 被收縮到單一的「民選」，政府就由當選者操持，弊病和變異隨之而來。尤其在當選者有能力將「民選」掏空變質時，「民有」和「民享」就會變爲「官有」和「官享」，因此民眾能否自操權力實爲核心所在，絕非有了選舉就可萬事大吉。

　　這當然是難題，人民如何可能操持政府？對此需要把政府理解爲公權力 —— 二元社會的公權力是被抽離出來，合在一起，便只能由政府官員操持；遞進自組織的公權力分散在每個層塊，在層塊內由本層塊成員自我操持；對更大範圍的公權力，則推選「和載體」在上級層塊共同操持。整個社會的公權力相當於所有層塊的公權力之和，由分布在所有層塊的全體社會成員共同分擔，即是 by the people。

　　因此，by the people 一定是人民自治，而非所謂的人民統治。人民統治需要人民是一體，那只能是名義的，實際上由號稱代表人民的實體 —— 或是獨裁者，或是黨和政府，或是代議機構，總之不是人民 —— 進行統治。如同當年在面對蘇聯文

化部長以人民名義做出譴責時，作家帕斯捷爾納克（俄文：
Борис Леонидович Пастернак）反詰：「人民！人民！您好像是
從自己的褲子裡掏出來的。」人民自治只能自下而上，從小的
自治一步步擴大聯合。以往認爲宏觀的政治民主是其他民主的
前提和必要條件，社區、村莊等微觀民主是次級的。而從自治
角度出發，微觀組成宏觀，政治民主由自下而上的團體民主構
成，團體民主才是政治民主的前提和必要條件。

　　遞進自組織本身就是一種參與，由參與而形成組織。覆蓋
整個社會的公權組織實行遞進自組織，便相當於全民參與政
府。過去認爲全民參與政府只是煽情空想，頂多舉行偶爾爲之
的數量求和公決。但遞進自組織讓全民參與政府變成現實。那
不像公決是所有人對同一問題表態，而是每人只參與自己所屬
的層塊，所有人的參與通過遞進自組織的結構形成向量和。

　　不錯，很多人對參與政治和公共議題沒興趣，只關注私領
域的快樂。但這不能成爲質疑遞進自組織的理由。代議制才需
要人們關注政治和公共議題，遞進自組織要民眾關注的恰恰是
私領域的快樂，解決近在身邊的問題，然後由「和載體」進行
後面的向量求和。

　　很多情況下，遞進自組織中的參與看上去是無形的，不需
要開會討論，沒有投票表決，共同體成員各幹各的，似乎都是
由當選者任意作主。然而人們時刻在參與，只不過參與方式是

通過當選者的默契。隨時選舉的制約使當選者每次作主都要在
頭腦中模擬向量求和，經驗範圍使其能準確瞭解每個成員的要
求和反饋，也能讓所有成員時刻瞭解當選者的作爲。正是這種
關係決定了看似當選者作主，實際眞正在決定的，卻是各行其
是的全體成員，當選者是通過默契在追隨他們。

　　所謂民主和參與，並不總是顯露在外。如果當選者的作爲
都恰到好處，其他人何必多費心？看在眼裡，樂在心中即可。
但是任何偏差都逃不過經驗範圍的敏銳感知，人們隨時能出
手，且能立竿見影就夠了。遞進自組織的基層不是最小的權
力。衡量權力大小首先看任免和服從關係。在權力序列中能隨
時進行任免和必須被服從的源頭便是最高權力。遞進自組織的
基層層塊正是這種源頭，因此最高權力屬於所有的基層參與
者──也就是由億萬個普通人組成的人民。

積極自由

　　積極自由和消極自由是在有權無權被分爲二元時存在的分
別。消極自由是爲保護無權者不受權力侵犯而給權力劃定界
限；積極自由則要權力按照道德和正義爲無權者提供權利。積
極自由往往被權力拿來當作侵犯自由的口實，消極自由相比之
下對自由有更好的保護。然而今日人類緊密相關，每個行爲都

可能影響他人。當自家鍋灶都跟大氣污染或氣候變暖有關，因而涉及道德或違法時，幾乎沒有什麼能免於干涉和被干涉。消極自由的空間不斷縮減，僅靠消極自由不能解決生態、資源及全球化一類的問題。當發現人類自由不能沒有節制、甚至還需加強節制時，重要的已不是堅守消極自由，而是勇於面對積極自由，並確保其不成為權力壓縮自由的口實。

自由與節制是不可分的，可以說沒有節制就沒有自由。這種節制主要並非從外部施加。完整的個人意志不是某個異想天開的想法，而是人自身針對各種事物的個別意志的自我求和。那種求和過程雖不外露，卻時刻在進行中。所謂的斟酌，瞻前顧後，左右思量，上下求索等都是對這種求和的形容。其中充滿了「捨」和「得」的衡量。而「捨得」正是典型的節制，完全出自個體自我的決定，因此是自由的節制。沒有「捨」便沒有「得」，也說明了「捨」的節制給予「得」的自由，二者相輔相成。

個人節制是在與他人互動中形成的，包含著對他人同樣節制的期待。所有這類個人節制與期待形成的向量和，即為社會意志的節制。遞進自組織可以運行並掌控這種向量求和，再施加給社會成員，形成對每個人的外部節制。這種外部節制不是由某個力量或法律施加，而是在遞進自組織的自由組合、充分協商、委員會表決、隨時選舉等機制的作用下，自發地施加，

保證對每個人的公平。

　　如果把公平正義視爲平等的節制，積極自由在相當程度上便成爲如何把握節制的問題。正義不能是目標，而應是機制──即「會產生秩序的規則」；不能由有形的鐵腕推行，而應由無形之手運作。動聽的宏大概念往往落入相反結果，問題在於那些概念無法由當事的個體自我操作，只能被有形之手把持。羅素（Bertrand Russell）說希特勒來自盧梭，是因爲盧梭主張「迫使自由」，卻沒有提供防止以公意名義濫用權力的措施，沒有給個人防禦集體壓迫的能力，這種積極自由便會必然地投奔奴役。而遞進自組織以向量求和達成社會意志，不是「迫使自由」，是以無形之手達成平等的節制。遞進自組織消除有權無權之分，當不再有權力，自由便不會被竊取。當公平正義是由無形之手實現，濫用權力或肆意擴張也不再必然成爲積極自由的產物。

　　不過遞進自組織社會仍可汲取消極自由的精神，基於普世價值制定一個經全民二分之一以上贊成（通過或修正）、同時經遞進自組織最高層塊一致贊成的人權憲章，作爲與遞進自組織規則並立的、高於其他所有法律的根本法，用以確保個人的基本自由。

提煉理性

有人說由「庸眾」推舉「精英」是代議制的悖論。當選舉規模遠大於選民的經驗範圍，選民既不能真正瞭解競選者，也無法把握領導人應具備的素質。無知可以作為數量相加，但是再多無知也相加不成智慧，智慧卻因向量的方向不同無法以數量相加，結果單看都是聰明人，結為群體卻成了庸眾，道理就在這裡。

然而，偏見和局限是相對的。一個公司經理考慮國家經濟發展戰略免不了局限，考慮其公司事務卻最全面。農民談外交政策肯定是瞎說，但再權威的學者也不如他們對本村事務瞭解。當今世界分為越來越難跨界的多種專業和領域，使得人們不可能得到針對共同事務的同等智慧與參與能力。哪怕給他們再多的平等教育與閒暇時間，也做不到人人成為萬事通的全才。當民眾在代議制中選舉總統或議員，當然只能從國民經濟或外交關係而不能從公司或本村事務做判斷，落入偏見和局限毫不奇怪。

置身大規模社會的個人有局限和偏見是正常的，沒有理由要求人人胸有全局。但是局限和偏見若以數量求和，便被疊加成益發局限的「深井」，局限程度與規模成正比。規模越大，對權力的壓力越大。選舉的意義本在擇優，在代議制普選中追

求數量和的當選者卻明知民眾是錯也得迎合，否則就會被其他操縱數量和的競爭對手超越。權力順應那種壓力對社會不利，也與社會意志的長遠目標相違。局限和偏見看似來自民眾，卻不是社會意志，而是被「數量求和結構」強加於民眾的。

解決大眾局限不在把每個人都提高到可以把握全局，那永遠無法指望，只能用向量求和取代數量求和。首先要讓人們在自己有智慧的領域從事民主，而不是非把他們推到無知領域去從事民主。遞進自組織把層塊限定在經驗範圍也是出於此種考慮。對經驗範圍內的事務，常人無需特殊教育皆能勝任，局限和偏見降到最低。其實全局與局限並不矛盾，全局正是由局限組成，處於不同局部的人視角也一定不同，提煉社會理性就是把所有的局限以向量求和拼接成全局而消除局限，把不同角度的偏見綜合在一起而成為正見。

這種方法適用處於同一層塊的個人，也適用處於同一層塊的「和載體」。遞進自組織的上級層塊由下級層塊組成，每個層塊的自我利益和立場即相當於各自的局限與偏見，向量求和將這些局限和偏見逐層拼接為全局和正見，層層遞進，達成整個社會的全局與正見。

逐層遞進是提煉理性的過程。有兩個性質始終伴隨：一是各層塊選舉者與當選者位置接近，素質差距不大；二是當選者在本層塊相對出眾，主持層塊全局也會使其眼光更為全面。前

一性質決定了層塊內部容易達成共識，選舉者不會以偏見和局限約束當選者。後一性質決定了由當選者組成的上級層塊可進一步提升理性。每遞進一層，選舉人和當選人的全局意識便提升一層，眼光更遠，責任更大，形成一層托舉一層的理性階梯。

同時，遞進自組織還有一種有助形成理性的機制，我稱為「隔層保護」。逐層遞選在高層與基層之間加入隔層，層次越高隔層越多。不由基層直接選舉的高層當選者不直接承受基層壓力，要迎合的只是本層塊，其決策即使與基層的「數量和」不一致，只要有本層塊的支持，間隔層次就保護其免於逢迎大眾。這是遞進自組織隨層次遞升理性程度不斷提高的原因之一。

社會意志的壓力出自社會成員個人意志的「向量和」，大眾偏見與局限的壓力則是出自「數量和」。之所以在遞進自組織中向量和能夠矯正數量和，靠的就是隔層。隔層把每人局限於其所處局部，把每人權力僅限於經驗範圍，從而保證了數量和不會壓倒向量和。

即使在同一層塊，因為三分之二多數才能選舉替換在任的當選者，當選者便可以在不同意見超過半數但尚未達到三分之二時，繼續堅持其認為正確的選擇。這一點亦有助於提煉理性。如果不久便能驗證其選擇是正確的，便會重新得到多數支

持並得到更大信任；若不能證明正確，反對票便會增加到超過三分之二，使其放棄堅持或被罷免。

　　向量求和不會讓單一的偏激壓倒全面和長遠的平衡，這種意義上的暫時「違背多數」不但可取，而且必要。但是會產生這樣的疑問：既然遞進自組織的每一層都可以有效約束上層，為什麼約束結果只是提煉理性，卻不會疊加大眾的局限呢？一方面說當選者只作為「和載體」忠實地追隨共同體意志，另一方面又說當選者有能力並有必要在某些問題上違背基層多數，這中間有沒有矛盾？

　　其實，被違背的多數不是向量和，而是數量和——正因為當選者始終是「和載體」，當數量和與向量和不一致時，出於保證向量和，就必須違背數量和。例如得和捨一定並存，人們卻往往只想得而拒絕捨。疊加為數量和，就成了貌似大眾的意見。然而不捨不會有得，向量和的選擇一定把捨和得放在一起，想得就必須捨。所以，遞進自組織的高層決策與大眾意見不同，其實只是求出了向量和與尚未求出向量和之間的區別。

　　可以放心的是，到底什麼是向量和，不由高層當選者自己說了算，不會像「人民」概念那樣可以信手拈來，任意冒用，而是在遞進自組織的逐層求和過程中形成。

遞進自治─遞進聯邦

　　眞正的自治只能是直接民主。但受制於充分直接溝通的限度，直接民主無法在大規模人群中實現，所以薩托利（G. Sartori）斷言「（馬克思）用自治代替政府的政治設計，過去、現在、將來都不可能實現」。薩托利提出的公式是「可以得到的自治強度同所要求的自治廣度成反比」、「可能的自治強度同所要求的自治的持續性成反比」[3]。而遞進自組織恰恰是用自治代替政府。當全民都納入公權遞進自組織，便可視爲是一種「遞進自治」社會，既是自治，亦是政府，自治廣度可以無限擴大，自治強度卻不減弱，且能一直保持。

　　自治體之間的結合可以被視爲聯邦關係，因此遞進自組織也是一種「遞進聯邦」。這種「遞進自治─遞進聯邦」中的每個層塊，一身兼具幾種狀態──自身是自治體，對上是組成上級聯邦的成員體。對下則是由下級層塊組成的聯邦體（基層層塊可視爲由成員個人組成的聯邦體）。

　　隨著全球一體化，人類越發結爲命運共同體，總有一天需要構建覆蓋全球的超級聯邦。面對那種管理重負，唯有層層自治取代統治，把管理分散於各個自治體自我消化。自治的基本

---

3 《民主新論》（*The Theory of Democracy Revisited.*），馮克利、閆克文譯。

衝動導致每個層塊會將決策和管理權盡量留給自己。因此聯邦
怎樣擴展都不會達到管理能力的極限。各國中央政府擔負的國
防和外交職責，也會隨著世界大同逐步減少以致消失。

　　願意保持主權獨立的人不必擔心，遞進自組織的本質是多
核心，不但不會追求大一統，且正是讓主權分散到所有社會成
員，將「主權在民」的口號變成現實。從「遞進自治—遞進聯
邦」角度來說，「獨立」還是「統一」的問題不再值得看重。
遞進階梯上的每層聯邦只是下層高度自治的成員體出於需要進
行的聯合，所謂「獨立」就是自治，所謂「統一」就是聯邦。
「獨立」和「統一」不過是相輔相成的一體兩面。

　　至於遞進自組織何時突破國家範圍，進入國際秩序，眼下
只能當作科幻小說。人類總體是否能解決國家、民族、宗教、
歷史文化、地緣政治等方面的差異而實現向量求和，似乎連最
大的想像力都不敢觸碰。不過回頭看人類的全球化，哥倫布以
來的五百年超越以往幾萬年，未來的加速只會更瘋狂。如何保
護地球，開發宇宙，控制科技，擺平族群……沒有全球秩序的
整合不可能應對得了。我在二〇〇〇年開始動筆寫的《有托邦》
一書，正是把「遞進自治—遞進聯邦」當作解決方案。

12

實現超越

【本章提要：遞進自組織可以解決代議制難以解決的
Vetocracy、民族主義與消費主義。】

合作的政治

政治長久以來被認爲無良無德、遭人厭惡，其中一個重要原因是黨爭。古希臘的城邦政治毀於黨爭；從盧梭到聯邦黨人都把防止派系爭鬥當作前提；精英對民主的恐懼和厭惡大半也是因爲分裂與衝突。麥迪遜（James Madison）認爲，「黨爭的原因無法排除，只有用控制其結果的方法才能求得解決」──共和、憲政、代議、分權、法治等都是用來「控制其結果」的，但是至今並不理想。Vetocracy 是升級的黨爭，同時帶來的是陷入低效與無執行力的政治衰敗。看來從根源解決問題，還是得靠排除黨爭原因。但是眞如麥迪遜所說，黨爭的原因在於人性，因而無法排除嗎？

從人類學家描述的上古圖景中看到，當人處身於不同規模的人群時，顯現的人性並不一樣。人在小規模群體內彼此是合作的，在不同群體間則相互殺戮。應該說二者皆爲人性，是不同規模導致的溝通充分與否，決定了人性展現出不同的面向。

先排除生存資源的影響。如果資源緊缺到不能同時生存，哪怕只有兩人也會互相爭奪。但今日生產力已可滿足所有人的生存，因此本文只從溝通角度看黨爭原因。

現實人類組織皆會自然地圍繞充分直接溝通的限度劃分單元。如果一個單元的人數超過限度，就會有「派」、「夥」一類

無形單元出現。「拉幫結夥」並非出自人們常說的窩裡鬥劣根性，在超出充分直接溝通的限度時，人們有「親」有「疏」——即有的人之間溝通充分，有的人之間溝通不充分——再正常不過，是幫派產生的最初基礎。

如果這種自然產生的幫派之間沒有明確規則和機制協調，全憑自發互動，軌跡和結果可想而知——為了追求本幫派意志或利益的最大實現，必須壓倒其他幫派。擴張、吞併或消滅對方的爭鬥逐步升級，不義和暴力自然隨之而來。擴大到社會也同樣，當缺少一種能讓社會成員充分溝通的結構，親疏之分的圈子便會在歷史演進中生成各種團夥、黨派、族群……爭鬥不斷擴大，變成世界不安的根源。

對此解決分兩條路徑，一是麥迪遜指出的，讓規模變得更大，以產生更多元的力量形成相互牽制——「黨派的種類較多，能更好地防止一個黨派在數量上超過其他黨派而且壓迫它們」（《聯邦黨人文集》，程逢如、在漢、舒遜譯）。然而這種方法不是解決黨爭，只是避免一黨獨大，結果往往形成兩黨輪流執政。若兩黨針鋒相對，照樣撕裂社會。

另一條路徑是從縮小規模入手，如遞進自組織，保證所有層塊內部實現充分直接溝通，而在層塊之間建立規則明確的協商機制，再把機制擴大和覆蓋到整體。

生活中，可以充分直接溝通的熟人圈內往往互助互讓，古

道熱腸，面對缺乏溝通的外部便冷漠計較，爭執不已。這和上古時代人群規模不同所顯現的人性差異相似。遞進自組織要求基層層塊進行自由組合且可自由脫離，就是為了排除基層層塊內部的派系之爭，容易達成高共識度的向量求和，維持親和，相當於從源頭排除產生黨爭的原因。

　　自由組合也可視為是一種派系。組織結構中的單元有各自的本位和利益，與派系有相似處。但這不是問題。按規則形成的共同體相互之間按規則為各自的利益進行協商，正是民主的過程。黨爭是為己方利益損害對方利益，遞進自組織的機制卻非零和，也不提供損人利己的可能。遞進自組織的每個層塊之所以要形成自組織，是為合作而非為競爭。在這種結構中，合作的好處惠及每個成員體，僵局的壞處也殃及每個成員體。其中沒有誰能從濫用 vetocracy 得到好處。每一層塊的成員皆為下級層塊的當選者，其故意製造 vetocracy 的僵局將不會得到其選舉者支持。因為選舉其的並非是輕易受政客矇騙的大眾，而是與其素質接近，經驗得以延伸，能準確判斷利弊的同層塊成員。他們要的不是發洩情緒而是解決問題，並且可以用隨時選舉更換當選者。

　　遞進自組織將改變有史以來的競爭政治，轉為合作政治。政治從此不再是謊言、背叛、鉤心鬥角和陰謀詭計的代名詞，而須是誠信、忠實和道德的典範。在轉型階段，歷史遺留的矛

盾、怨懟、積習無疑不會立刻消失，但是遞進自組織的自動調節機制會逐步將其化解，最終形成新的政治文化。

告別民族主義

　　普通社會成員對宏觀事物的認知和判斷往往要依賴精英。民族主義是精英以自身意志主導的一種數量求和。精英給民眾提供的民族問題認知，在大規模範圍進行數量求和而成為民眾的民族主義。這種民族主義看似屬於民眾，其實出自精英。然而民眾只有在面對宏觀的數量求和結構中，才用精英構建的民族主義看待民族關係，只要離開數量求和結構，回到個人生活，民眾便會擺脫精英的主導，也會告別民族主義。

　　在遞進自組織的層塊中，個人意志主要針對具體事務，從自身現實去感受和判斷所處的社會局部，而不會用宏觀概念籠統地套用。因此民族屬性只有在發生了關乎自身的民族衝突和文化衝突時才會凸顯，否則只是背景，不需要民族主義。民族不會因為沒有主義就不存在。當民族成員的個人意志不依賴精英，而是通過遞進自組織向量求和為民族意志時，體現的民族特色反而更真實，同時能更準確地表達民族訴求和把握民族關係。

　　這種向量求和形成的民族意志與出自精英的民族主義有很

大差別。民族問題作爲整個社會公平正義的組成部分，其中的共同人性高於不同的民族性。民族意志更主要的是追求社會公平正義，而不是糾纏於民族主義的對立和統獨之爭。

遞進自組織的當選者作爲「和載體」，其選舉者首先關注的是本層塊利益，而非民族問題，會使其決策行事無需從民族角度出發。不需要靠煽動大眾情感爭取選票。遞進自組織的「議」、「行」合一，使「議」必須與「行」一致並經受檢驗，不像代議制那樣容易空口許諾或道德綁架，因此精英激化民族主義的動力會減少很多。而「隔層保護」又能使得當選者不受來自基層數量和的壓力，敢於直接面對民族衝突的不利和危險，理智行事，主動抑制民族主義。

對於少數民族，這種理性不僅是因爲與多數民族對抗的代價太大而不得已，更是因爲遞進自組織已經能夠充分保證少數民族的權益。按民族劃分，既然多數民族是多數，一定具有對少數民族的優勢。遞進自組織卻是把人群分爲多層、多個自治體，而非民族。任何自治體都是尋求自身利益，而非自身之外的宏觀目標。遞進自組織由此相當於對民族進行了分化，以眾多相互對等的自治體取代了民族，從而改變了多數民族對少數民族的優勢。

人口流動的現代社會往往形成不同民族「大雜居，小聚居」——即同一地區並存不同的民族，生活社區卻是按民族聚

居，相互交錯。這種狀態容易出現民族矛盾。尤其在外來多數民族的人口超過原住民時，實行代議制會造成原住民的弱勢甚至邊緣化，導致矛盾進一步加深；民族同化政策則會使矛盾更加激化。而在遞進自組織中，「小聚居」的社區可以充分自治，延續民族文化，保護民族成員，充分發揚異質性；「大雜居」的不同民族自治體則相互平等，由各自的「和載體」在具備更高理性和妥協性的高層塊進行協作。

那時，不同自治體之間的分歧將主要不是因爲民族，而是利益，相互關係也更多從利益定位。既然同一層塊內的每個自治體對於整體決策的形成都是影響要素，彼此便不會把民族屬性放在前，而是從影響決策的角度盡量拉攏對方，以有助於通過自己屬意的決策。

其實，對少數民族更有利的不是把自己抬升到與多數民族一對一的位置，那只會使其少數變得更爲不利，而是利用遞進自組織把多數民族分割爲諸多自治體，進行「合縱連橫」。同樣道理，遞進自組織中的多數民族也不用擔心少數民族聯合在一起進行分裂，因爲少數民族也被分化爲多個自治體，分別追求各自利益而非宏觀的民族理念。因此無論對哪邊，遞進自組織都有利於解決民族問題。

理論上，實現公平是解決民族矛盾的根本。然而公平是一種主觀判斷，究竟什麼算公平？由誰判斷？立場不一致的

判斷可以截然相反，拿出再多例證也難說服彼此。如法律格言：「正義不僅應得到實現，而且要以人們看得見的方式加以實現」，民族之間的公平也要以看得見的方式實現──那就是所有個人意志的向量求和。現實的複雜與多變，決定了公平與否不能出自任何外在的判斷，只能以程序正義的方式形成當事人的共識。個人意志的向量求和既是程序又是目的，在這種程序中得到的求和結果也一定公平。因為不達公平，向量求和的各個環節就不會通過。由此可見，向量求和的程序所包含的正義價值就是向量求和本身，與其他的程序正義不要求實質正義不同，向量求和的程序正義本身就是實質正義。

擺脫消費主義

認為多數人追求消費，就斷定社會意志只能是消費主義的──那是數量求和的思維。人的完整意志除了追求消費，還有對環境、生態、安逸、審美等方面的多種追求，以及對自己和家庭的長遠願景。例如在經驗範圍，人們儘管有欲望，但懂得量入為出，不浪費，有儲備，打掃衛生，房間空氣要新鮮，寧願花錢喝乾淨水，前院種花，屋後種樹……對此無人強迫，完全自由，正是在這些看似雞毛蒜皮的日常操持中，自我節制保護生態的各種因素都有。誰家水缸被他人撒尿，一定不會容

忍。對人們在經驗範圍的這種明智、節制和守護進行向量求和，形成的社會意志一定不是消費主義的無盡索取，而會是善待地球和考慮後代。

代議制把人放在關係疏遠且作用渺小的宏大規模中，轉化成同質的數量進行求和。面對宏觀事物，個人過於渺小，無論是破壞還是保護，作用似乎都可忽略不計，利害也無足輕重。有人往太平洋撒尿，自己能被污染多少？挺身阻止而發生爭執是否值得？對於個人，自我是完整的「一」，在代議制中是百萬千萬分之一。當民主對個人進行簡化，個人也會對民主進行簡化——對自身而言百分之百的事放在前，百萬千萬分之一的事放在後。從計算成本與效益的理性角度，搭便車是個人面對宏觀公共事務的最好選擇，結果卻會讓社會整體趨向無所作為的納什均衡。

因此，建立社會的自我節制，首先需要把數量求和結構變成向量求和結構。讓個人從經驗範圍做起，即把交給個人負責的問題放進類似自家水缸的範圍。水缸對世界雖再小不過，對靠它吃水的人卻是全局，一定精心守護，不容污染；再通過逐層向量求和，把每個人對自家水缸的守護聚合成對村莊水井的保護，擴展到對地域河流的保護，最終彙集成人類對大洋大海的保護。

以往的歷史進步一直是推動自由和解放。在生態問題日益

突出、資源逐步匱乏的今天和未來，僅靠自由和解放不能解決
面臨的新問題，必須對無度擴張進行節制。環保人士的呼籲，
心靈教育，少扔一些垃圾多保護一些鳥，不足以消除生態危機
的前景。呼籲科學家尊重倫理也阻擋不住人類科技發展可能製
造的災難。根本解決只能是建立人類社會的全面節制。那節制
當然不能出自老大哥的鐵腕，而是遞進自組織提煉的理性——
隨著遞進自組織每上升一層，選舉人和當選人理性更強一分。
這種遞進「提煉」形成的社會意志才會把保護地球家園和人類
安全放在首位。那時即使普通民眾尚未感受氣候變化的直接危
害，科技似乎只帶來利益未造成災難，遞進自組織的高層也敢
於實施抑制生產和消費的政策，劃定科技不得逾越的禁區。隔
層保護使他們不怕「得罪」大眾，那不是出於專制，而是向量
之和優先於數量之和——唯有這種機制才能擺脫以往的兩難，
做到既有自由又有節制，讓生態主義從口號變成價值體系，從
哲學變成全民實踐的生活方式。

　　節制須是對所有社會成員的平等節制。具體的節制是什
麼，現在無法預見。遞進自組織不會主動追求結果平等，但因
為每個社會成員的個人意志是等值的，對等值的向量求和會導
致整個社會趨向平等。那種平等並非是事先確定的目標，而是
自然達到的結果。這必然涉及財富和分配方式的變化，會引起
對「計畫」再現的擔心——畢竟節制、平等、正義的概念似乎

都有計畫的基因。然而無需對計畫聞之變色。現實世界中比比皆是計畫。計畫在本質上是一種溝通，自由市場一樣存在種種計畫。對計畫不信任的理由，主要在於單中心不可能準確模擬市場，無法形成合理的價格成本體系，從而無法實現資源的最優配置。但是什麼都不會比覆蓋整個社會的遞進自組織有更多中心，其無所不知，因為需要知道的正是其自身，全部資訊也產生於其自身。由所有社會成員組成的感應系統不存在任何死角，沒有比其更充分的資訊來源和處理能力，加上資訊時代的網際網路和物聯網，形成的計畫完全可能比市場更有效地配置資源。

舉例，交通的自發秩序是行車者根據經驗和行車所見各自選擇路線的結果，卻仍會有的路塞車，有的路空閒。當所有車的數據被車聯網連在一起，電腦系統根據每輛車設定的導航目標和即時方位、速度等，隨時算出會在什麼時間和路段形成壅堵，據此調整交通燈時間長短和潮汐車道數量，同時給行車者分別規劃更快捷的路線，將車輛平均分散於各條道路。這種計畫的秩序既優於自發秩序，卻對自由沒有任何妨礙，只讓人更加自由——此例說明即使被廣泛認定會導致極權主義的計畫系統，也可以是自由的，而非一定通往奴役。

市場經濟並非是「歷史的終結」。利用遞進自組織有計畫地改變消費主義，最終形成一個人們共同走向自由平等、實現

公平正義、物質富足而不奢侈、從搖籃到墳墓皆有保障的社
會。那時的社會發展動力將從物質追求轉為審美追求，人類將
從物質人變成精神人，完成堪與動物變成人相比的又一次文明
躍遷。

13

轉型

【本章提要：用遞進自組織的方法實現遞進自組織本身，形成
人類社會按照社會意志駛向未來的自動車。】

上帝的第一腳

對遞進自組織的質疑，其中主要一點在於如何才能實現？甚至被認爲不可能實現。這是兩個需要區分開的問題，一個問題是現有權力與秩序不會接受遞進自組織；另一個問題是遞進自組織本身的機制使其無法實現。的確，要讓現實社會的公權力轉型爲遞進自組織，似乎不可思議。權力自身不會這樣做，無權者則無力這樣做——除非億萬民眾能充分溝通，搞明白並接受遞進自組織的理念，再自下而上地實現變革。這種情況首先陷入的悖論是，說服和動員億萬民眾本身就需要巨大的組織力，如何產生？且不說現實權力不允許，即使能產生，那種組織力是否會在取代舊權力的過程中發生異化，重演權民分離的二元狀態？

這種類似先有雞還是先有蛋的問題是無解的，因此不能指望。遞進自組織的實現雖是自下而上，卻不是非得同時開始，可以「以點帶面」。革命先驅者從來是少數，只要能在局部搞出遞進自組織樣板，激活機制，良性運轉，在社會陷入危機、民眾普遍尋求出路時，便能產生巨大吸引，引發連漪式複製。遞進自組織無需外部輸入，任何單元都具備完整要素，可以自我實現，並進行相互聯合。這種超強的可複製性決定了哪怕只有很少的成功樣板，病毒傳播式的指數擴散也能最終形成爆發

之勢。

當然，樣板由誰來完成，亦即「上帝第一腳」如何踢，現在還是懸念。基層自發的自組織做不到。歷史已經反覆證實基層自組織發展到一定規模就會演變爲他組織，唯有讓自組織形成遞進結構，才是解決變異的關鍵。其實，只要在基層自組織之上再形成一級符合本文所述的遞進層塊，後面的層層遞進就會在相同機制驅動下自動實現。如果確信轉型是可行的，具體如何開始，如何實現，便可以交給歷史發展自行解決。等到社會有這種需要，相信上帝一定會在最佳時機踢出所需的第一腳。

精細的剝離

當今社會前所未有的一體化形成盤根錯節的糾結。以往那種打倒、推翻、另起爐灶式的革命不僅困難，還可能將洗澡水連孩子一塊潑掉。現代專制國家的鎮壓無所不及，導致無法事先培育替代力量，一旦出現權力眞空，來不及整合社會，就可能引發連鎖失序，不要說轉型不能成功，連社會的基本生存都會受威脅。

儘管革命派總是對此斷然否定，並攻擊這種擔憂的用心，但即使只有「萬一」的可能，也須小心對待。小心不是不做，

成大事以小心。即使小心最終被證明多餘，頂多是徒勞，損失有限，而不小心的結果，卻可能會跌下深淵。

例如專制政權建立的社會管理機器，費時多年，花費巨大，觸角伸及每個社會細胞，網絡覆蓋整個國家，其專業團隊、行政技巧和配合關係絕非輕易可以取代。小心的方式是不能輕言打碎這個機器，反該將其當作值得珍惜利用的資源。從革命角度看，這似乎矛盾，讓那機器繼續運轉難道還是革命？問題在於，當專制權力已經把社會管理的功能與自身合為一體，打倒它便會同時喪失社會管理的功能，恰恰是專制權力竭力營造的「人質關係」。有「亂離人不如太平犬」心態的民眾會寧願放棄民主，也不願面對無政府帶來的難料後果。解決這個問題，取決於能不能把社會管理功能與一黨專制的權力剝離。對已然互為表裡血肉相連的二者，剝離並不容易，沒有可以一刀兩斷的方式，需要極其小心。

代議制轉型是「蓋房式」的──須先整體搭建完整的框架（憲政），才能在其上添磚加瓦，完成其他部分。在專制制度下，代議制元素難以自行獲得發展空間，依賴當政者賜予的「政治改革」──往往只是開放個別元素（多元化、新聞開放、基層選舉等），卻不會允許出現整體框架（那等於取代專制權力）。那些元素萌芽後缺少框架約制，便會在競爭中得寸進尺，不斷擴張，總是迅速突破當局容忍的界限，導致所謂的

「開明政改」半途而廢，否則會使專制大堤潰於蟻穴。可以說，代議制是不可能與專制並存的，因此也不會為專制所容。除非專制權力中出了自我轉型的「聖人」，否則代議制的實現只能通過革命一蹴而就。那時，被推翻的專制權力若是與社會管理功能一體，便會導致權力真空，帶來玉石俱焚的危險。

遞進自組織卻不同，其每個層塊自身內部都具備完整要素，不需要外部框架支撐，即可在內部實現轉型。形象地形容，這種轉型如同「滾雪球」，從最初的雪核開始，框架與要素俱全。遞進自組織的擴展只是相同層塊的組合，如同滾雪球附著的都是一樣的雪，相互黏結是對各層塊的向量和進行再求和。或者用另一種比喻，完成轉型的層塊，就如原本無閘大壩的每塊石頭上自我形成了調節自如的小閘門，因此不需要炸開大壩讓洪水泥沙一瀉千里，而是在無需拆除大壩的狀況下讓洪水緩慢消退。

遞進置換

一般會認為，遞進自組織的層塊劃分工程浩大，難以實行，且認為層次必定太多，導致管理機構龐大。其實不會，因為層塊早已存在——現實的權力科層與單元便是由直屬上級和下級構成的層塊。從運作有效性出發，權力科層同樣會要求層

塊保持在可充分直接溝通的限度。因此公權轉型爲遞進自組織，只需利用國家權力原本的層塊，無需重新劃分，只是把權力的源頭轉到基層，把上級任免變成下級選舉，以「和載體」取代官，即可把自上而下的權力實施變成自下而上的向量求和。這樣的轉型不需要另起爐灶，從而可以大大減輕震盪，降低成本。且原本越是組織嚴密的全能型專制權力，其結構對遞進自組織越適用。

因爲遞進自組織的要素在每個層塊內皆齊全，無需外部提供，因此轉型可以從任何局部開始。先以自由組合的方式形成基層層塊，把被組織變成自組織，基層層塊的「和載體」再按原體制的行政單元進行組合，形成上一級層塊。如此自下而上地在原體制中逐層轉型，可以概括爲「用遞進自組織的方法實現遞進自組織本身」。這句繞口令般的話指的是，當一個公權組織層塊的下屬多數單元實行了遞進自組織，該層塊就可以（且必然）實行遞進自組織。例如一個縣的多數鄉鎮實行了遞進自組織，選出的鄉鎮長自然會組成管理該縣的委員會，選舉縣長。遞進自組織即向上擴展一級。當一個市的多數縣都實行遞進自組織，當選縣長就會組成管理該市的委員會，進行決策並選舉市長。如此遞進，最終由當選的省市區首長組成國家管理委員會，選舉國家領導人，社會轉型便告完成。

以往民間只能施加壓力，政權不讓步即不會有實質進展。

遞進自組織的轉型無需等待政權讓步，可以主動置換政權。權力的實質在於服從，只要人們換了服從對象，權力就發生轉移。遞進自組織的每個層塊都能充分直接溝通，可以協同行動。當多數成員共同拒絕服從舊權力，只服從本層塊的共同體意志，選舉自己的「和載體」充當行政首長，便等於用新權力置換了舊權力。

在這種方式中，決定變化的不再是權力一方，而是無權一方。只需逐層遞進地選出「和載體」，就相當於一步一步把權力「奪」到手中，卻不需要使用強力去「推翻」，只是將舊權力晾在一邊不理睬而已。隨著置換的逐層提升，最終完成整體轉型。

舊權力的行政人員和專家團隊這時需要選擇繼續效忠專制權力，還是轉而服務於公權遞進自組織。搖擺將會在趨勢明朗後停止，官僚歷練權場，有足夠智力看出什麼才是未來。公權遞進自組織會自下而上地層層將他們與專制權力剝離，並在使用過程中對其篩選、重組和改造，最終成為適用於各級公權遞進自組織的職能部門。

專制政權無疑會反制，採取切斷資源輸入，阻塞對外溝通管道等措施。但是在資源大部分市場化的時代，尤其當政權給基層的財政撥款難以為繼時，對具有自給自足性質的鄉村社會，這類措施起不到決定作用。有效威懾只能是抓人。以往

當局總要「抓黑手」，是因為抓了核心人物，其他參與者便會「樹倒猢猻散」。而遞進自組織不是由核心操縱，當選者是被動的。專制鎮壓從來只對少數有效，面對多數就陷入「法難治眾」──即使抓了當選者，選舉者們可以再選新人，除非連選舉者也一塊抓；然而選舉者又是由其下更多選舉者所選，層層抓下去，難道能把全體民眾關進監獄？那是任何政權也做不到的。從這個角度來看，暴力便失去了效力。這是遞進自組織能夠以非暴力對抗鎮壓的根本力量所在。

當然，初始還是需要勇氣的。專制權力一定會抓人，哪怕只是出於製造恐懼的目的。那時就要實踐不合作運動的「填滿監獄」，抓了再選，一直選下去。「當選」畢竟構不成罪名，風險可承受，入獄反會成為榮譽，如果「填滿監獄」能前仆後繼地堅持，最終挺不住的一定是政權。

另一方面，遞進自組織具有的「理性逐層提煉」和「隔層保護」之性質，可以緩和對舊權力的衝擊。如果當局給予默認，已形成的遞進自組織便會與之合作，只在內部自治，對外仍然服從當局，使舊權力系統不會因為局部實行了遞進自組織而斷裂。當政權陷入內外交困、控制力衰弱時，比起用鎮壓激化衝突，導致失控，默認遞進自組織至少還能維持運轉，有利社會穩定，便可能成為地方政權的選項。

遞進自組織與舊權力系統保持合作，卻不是不再發展，仍

會繼續「用遞進自組織自身的方法實現遞進自組織本身」，自下而上地生長。其對舊權力的置換將是先慢後快的過程，下面層次體量大，層塊多，置換需時長，擴展到較高層次後會加速，最終呈現破竹之勢，直至完成政權的整體置換。這種遞進置換既有不可阻擋的內驅力，又可理性控制節奏，給解決歷史問題留出充分時間，將震盪與衝擊降到最低，保持轉型始終平順。

如前所述，代議制轉型須先改變社會整體結構——分拆權力、新建多層代議機構、形成多個政黨、進行各級選舉……能做到這些的前提要麼是當權者讓步，要麼是革命成功。只要開始轉型，往往就無法控制節奏，社會震盪幾乎無法避免。如果社會原本積累了矛盾和仇恨，出現的權力眞空會使之從壓抑狀態爆發，導致轉型扭曲，甚至走向反面。

代議制的良好運轉還需民眾有服從法律、遵守規則、包容異議的道德，有對社會事務進行理性思考的知識，以及對公共事務的公益心和參與熱情，這些都需長期培育。一些實行了代議民主的轉型社會並未得到期待效果，幾乎都與此有關。

民眾一旦對最高權力進行過普選，便會不滿足於遞進自組織的基層選舉，因此從轉型順序上，遞進自組織應該在先，既降低轉型難度，得到好的民主質量，還能留出選擇餘地——如果多數人最終仍願選擇代議制，遞進自組織先作爲平順過渡的

中間環節，塡補權力眞空、消化社會矛盾、培育民眾民主能
力，然後再由遞進自組織自上而下地主持代議制轉型，也不失
爲一條好途徑。

自私的公德

代議制在歐美有幾百年從初級到高級的過程，法律逐步確
立，選舉逐步擴大，政黨多年輪替……如同種籽長成大樹，經
歷風雨，扎下根系，與文化土壤結合，獲得生命力和抵禦破壞
的能力。然而那種循序漸進今天已不能重複，民主理念如此天
經地義，轉型只能被要求一步到位；歐美也把自身達到的民主
程度當作要求其他國家的標準。而若缺少漸進過程，照搬現成
的代議制，看似速成壯觀，卻難免不出問題，甚至徒剩外衣。

對此，把問題歸結於民眾素質，力圖讓民眾「學會民主」
的啓蒙是南轅北轍。與其總是徒勞和碰壁，不如把削足適履的
思路顛倒過來——問題不在民眾，而是民主方式。不需要提高
民眾素質去適應不變的民主方式，而是改變民主方式適應民眾
素質。如果民主方式必須要民眾做出改變才能實行，那就不是
合適的方式。「江山易改本性難移」用於形容一個人，如何指
望先得改變千千萬萬人之後才能實行民主？那要麼成爲專制抗
拒民主的理由，要麼會在轉型後落得淮橘爲枳。

　　對傳統精神結構已經解體，與代議制相適的精神結構又未形成，轉型壓力已迫在眉睫的社會，要找到的是一種既可實現民主理念，又無須依賴社會既有精神結構支持的民主方法——遞進自組織正是這樣的方法。

　　無論道德解體、文化衰落、教育低下，社會的精神結構毀壞到何種程度，人的基本性質都不會改變。而只要人有「不斷追求自身更好的生活」或「不斷追求個人意志的滿足」的性質，對遞進自組織就夠了，不再需要別的。這可以被認爲是「自私」，遞進自組織正是基於這種「自私」建立個人意志向量求和的結構。從這個角度來看，遞進自組織不像其他制度那樣依賴文化與道德，只要人自利並有理性，就能在實施遞進自組織的過程中建立道德。經驗範圍使每個人都能認識到自己的「更好」和「滿足」，知道怎樣「追求」才能得到，無需具備超經驗的道德與知識。人人追求自己更好所得到的妥協結果是對每個人都好，「自私」就變成道德。這種由制度結構形成的道德比依賴文化的道德容易把握，卻無需培育文化道德那樣漫長的時間。

　　當然歷史不可割斷，積累的恩怨、派性、民族矛盾都會在轉型中產生作用。遞進自組織會在自下而上的漸進置換過程逐步釋放和吸收。同時遞進自組織的平等節制將不再製造新的壓迫。逐層提煉的理性則會約束衝突。沒有新仇，舊恨終會消

融。

超越專制的補償

將公權力轉型爲遞進自組織，最方便的當然是權力自上而下推動。吊詭卻在於，若有權力推動，不會是民主的權力，只會是專制的權力。因爲如前所述，已經實行過高層普選的民眾會將限於基層的選舉視爲倒退，因此由民眾普選產生的代議制權力便不可能推動遞進自組織。反而專制權力推動遞進自組織是會受到民眾歡迎的。當然，對專制權力的這種期望會被視爲與虎謀皮。的確那與一般的邏輯相違。但歷史上的專制權力確實出現過超越者。其超越不一定非得出自良知，更多的是現實危機倒逼，或是歷史聲名考量，主要是個人利益的計算……無論如何，專制度中位置越高的當權者，擁有的超越能力越強，可得到的補償也越多。

以當前中國爲例，推動遞進自組織轉型可能給當權者帶來什麼好處？首先，中國經濟的高速發展期已過，以經濟化解政治問題和社會問題的手段隨之喪失，政治體制造成的矛盾浮出水面並將日趨緊張，政治改革不得不提上日程。然而歷史的路徑依賴決定了中共體制與代議制無法轉換。代議制的旗幟是在其政治反對派、六四死難者手中，在歐美、台灣、達賴喇嘛一

邊。政治改革若走代議民主之路，中共只能是被清算的對象。遞進自組織則不同，都是從零開始，沒有其他正宗，不攙雜歷史因素，也沒有傳統標準。一旦換了舞台，誰先上場誰佔據中心充當主角。因此以遞進自組織進行政治改革，中共可以避免與原本的對立面直接競爭，閃開代議制體系，使對方失去打擊自己的發力點。

其次從操作上看，代議制轉型從一開始就需整體變化，不易控制節奏，遞進自組織則是自下而上逐層漸變。只需高層當權者公布一個時間表，只要在不超過社會中堅一代的有生之年——哪怕是二十年甚至三十年——完成轉型，社會都會有等待的耐心，按照時間表歡欣鼓舞迎來每個步驟的兌現。積重難返的社會矛盾將被這個過程逐步化解，最終水到渠成地實現整個社會公權力的遞進自組織轉型。

這會讓專制高層掌權時間更長。時間表具有的合法性使反對派無從反對，國際社會只能期許；時間表也是一份希望清單，而希望是最好的社會穩定劑；遞進自組織的轉型自下而上，越高層塊的緩衝時間越多，直到最後才觸及其權力。擬定時間表的當權者會被當作理所當然的主持人，到時間表完成才退位，並將為此名垂青史。

以往凡是政治改革都需通過權組織推動，構成權組織的官僚因為改革使其利益受損，或怠工抵制、製造混亂，或發動黨

內鬥爭搞垮改革的領袖。而遞進自組織的轉型無需通過權組織，只要高層給予合法性，民眾便可自發地自下而上逐層置換，逐層架空官僚集團。無需造反和打倒，始終保持有政府狀態和社會組織化，又能保證改革不斷推進。而時間表給了官僚集團明確預期，凡是在換屆退休前不會受影響的高層官僚，將在個人利益上失去反對變革的動力。

遞進自組織比代議制有更豐富的理想資源，在人民主權、全民參政、向量求和、自治、聯邦、族群問題等方面，可以獨闢通途，佔據制高點，形成獨樹一幟的意識形態。在形式上，也可讓中共找到與其原本思想脈絡的連接點，實現某種承先啓後。

民間之路

專制者自我改革的概率僅如鳳毛麟角，無法寄予希望。而民眾自下而上以遞進自組織置換公權組織，須事先廣泛傳播理念，才能大範圍同步開始。做不到這一點，在專制權力有能力鎮壓時難以突破；在專制權力衰落時，搶先崛起的佔山爲王者照樣會拒絕遞進自組織。

走出這種困局，有必要考慮非政治途徑。如無法變革公權組織時，能否在眾權組織和民間項目做起——村民自治，合作

消費，物業管理，維權活動，公益事業等。眾權組織有相對自由的空間，可自行決定組織結構，成員對民主有天然要求，實施遞進自組織既是實踐的檢驗，也能樹立樣板。

當今 NGO 成為日漸重要的力量，而組織演變的規律對其同樣有效。初創時志同道合的自組織，規模擴大到無法充分直接溝通時，便須依靠主持人，形成權組織，演化為二元結構。那時或是主持人說了算——相當於專制，或是選舉主持人——類似代議制。無論哪種，二元結構的特性都在，權力的毛病都有。現實中很多 NGO 就是這樣淪為少數人謀生的飯碗和自我循環的小圈子。

NGO 沒有對成員形成約束力的權力資源和經濟資源，參加者稍不如意便可拂袖而去或不再作為。NGO 的資源主要是道德，參與者為的是實現價值認同和理想追求，因此會需要有自主感，不甘於淪為無權者。而組織又需保持共同目標和整體秩序，不能讓成員隨心所欲各行其是。遞進自組織能協調二者。其自下而上的多中心可發揮每個參與者的主動性，滿足自主感；遞進的層塊結構又能整合多中心，形成有序整體。無論規模怎樣擴大，皆不出現有權無權的分離，因此給 NGO 帶來前所未有的生命力。

實行了遞進自組織的 NGO 之間，亦可用遞進自組織的方法進行聯合。例如從事合作消費的相鄰社區，由各自當選的業

主委員會主任組成上一級層塊，合作消費規模便擴大數倍。不斷提升這種聯合的層次，甚至不同城市的消費者都可實現聯合。既然消費規模決定談判能力，無論在價格上還是在質量上，消費者都會得到更多好處，且能將影響力從商業領域延伸到生產領域（工業）、原材料領域（農業），乃至政府政策的制定。

這種遞進自組織雖不涉及政治，理念和方法卻能在推廣過程中爲民眾所掌握。可複製性是遞進自組織轉型的最大優勢，局部成功的樣板可以通過不斷複製的模式擴大——既可以是受樣板吸引的自發複製，也可以是有組織的推廣。一旦歷史條件成熟，便可迅速複製於公權組織，用於政治轉型。具備這樣的基礎，屆時其他力量都無力成爲遞進自組織的對手。

溝通改變世界

在缺乏溝通能力的時代，社會分離爲二元是不可避免的宿命。步入資訊時代，溝通能力前所未有地增強，新的溝通技術給遞進自組織提供了強大支持。例如遞進自組織的多種參與方式——公權組織，眾權組織；每人可按居住地、工作地、不同項目等參加；選舉時需要計算票權，進行認證，根據選舉結果進行權限轉移……成員因此可能有多種身分，僅身分管理就異

常繁雜，還需追蹤變化、維護規則、進行監察等，如果都靠人
管理，相當困難且易錯，還難免人為干擾。然而拜資訊時代所
賜的電腦網路，既能迅速、便捷、縝密地管理，又能杜絕私情
舞弊。智慧型手機進一步提供了全民參與的技術基礎，為遞進
自組織插上翅膀。可以預期社會組織的水平會因「遞進自組織
＋移動網路」得到前所未有的飛躍。

　　以往民主最大的麻煩在於各執己見。意見不同本是民主應
有之義，但人性的執著總是要壓倒對方，由此爭執不休、議而
不決、決而不行，造成民主的癱瘓和分裂，導致人心厭倦。如
果把民主規則固化於電腦程序，讓機器執行規則，排除人為因
素，一視同仁，不予推諉，無法拖延，無空可鑽，按表決結果
自動授權和硬性執行，那時人們反而會放下執著，變得寬容，
因為面對機器程序沒有對峙的理由和對象，從而不是非得執著
己見。

　　從實現變革的角度來看，遞進自組織的一個重要優點卻構
成障礙──歷史上的制度變革總是由個別集團或階級推動，因
為變革可使其獲得份額最大的利益。這種動力源於利益分配的
不平均。遞進自組織卻是平均得益，不給任何人特權。對這種
變革，強勢集團會反對，弱勢集團寧願搭便車。在權力時代，
無人得到權力的變革只能淪為紙上談兵。

　　不過，遞進自組織的原理不僅可以用於人的組織，也適

用於互聯網時代的資訊篩選與整合，以及智慧集結與提煉。
此種蘊含商機的市場也許可開闢另一領域，以市場得益彌補
權力動力的缺失。一旦被看出遞進自組織原理在網路上有再
造谷歌、臉書那類成功的可能性，市場力量便會萬馬爭先，
不可阻擋。我用遞進自組織原理申請的兩項美國專利——
SELF-ORGANIZING COMMUNITY SYSTEM（US 9,223,887）
和 ELECTRONIC INFORMATION FILTERING SYSTEM （US
9,171,094），便是對此的拋磚引玉[4]。而從網路上的遞進自組織
應用轉換為實體的遞進自組織，只有一步之遙。

　　另一方面，溝通時代還存在另一種可能。有一種人類，雖
不屬於同一階級或集團，卻有相同的理想基因。他們個人意志
追求的滿足就是改變世界。以往他們如沙漠中的金砂被厚重寂
寞相互隔離，但是當世界被網路打通，便能找到彼此，並把網
路當作共同理想的生長之地。目前還不知道理想者的集結能否
得到什麼和實現什麼，但是變革社會的動力已不再僅僅發端於
利益，理想者的溝通將以相互溝通的理想改變世界。

4　http://portal.uspto.gov/pair/PublicPair

駛向未來的自動車

遞進自組織將「權力意志」融入「社會意志」，以「和載體」
取代「權組織」，社會從此不再分離為二元，不再需要通過「壓
力」和「強力」才能調整或更換權力，第八章圖 13 的模型將
變成如下的圖 19。

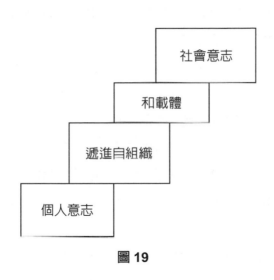

圖 19

在圖 13 中看到，「社會意志」與「社會意志實現」之間隔
著諸多環節，「權力意志」是主要的障礙。而在圖 19 中，已經
沒有「社會意志」與「社會意志實現」的區分。或者說，在「社
會意志」與「社會意志實現」之間已經不再有任何障礙，只要

「社會意志」形成，就意味著必定實現。

圖 19 所表達的，「個人意志」通過「遞進自組織」產生「和載體」形成「社會意志」，四個元素可被視為是完整的一體，中間沒有任何斷裂，也不需要聯繫管道，每個部分的結合都是全方位的，因此圖形不用通常那種分開的框與線。用了目前這種階梯形式，也只是為了象徵與本文相合的「遞進」意象，而非說明它們之間有什麼分隔和錯位。那將是最為簡潔、靈敏、有效與和平的社會結構。

政治制度有如承載社會的車，社會意志是其應有的行駛路線。二元結構的政治之車雖在大方向上不能脫離社會意志，但是恰好的狀態不多，總是左搖右擺，甚至落溝或撞崖。

專制政治之車的方向盤操於當權者之手，其他人被隔離在乘客區不能過問，只有在事故頻仍，撞得頭破血流後，忍無可忍的乘客打破隔離，才能換上新司機，隨即又會被隔離，進入下輪循環。

代議制讓乘客定期推舉司機，也能對司機評頭論足，但是選上的司機不一定合適，或者坐上司機之位就變得任性，不到下次選舉仍難更換。好在不用冒車毀人亡的風險暴動，雖然有滯後，可以等到推舉新司機後再修正偏離。

根本的解決是換上一輛由社會意志直接控制的自動車。如科幻作品描寫的意念駕駛，社會意志怎麼想，車就怎麼開。遞

進自組織的「和載體」相當於社會意志的「意念」，其對社會意志的體現便相當於對社會之車的駕駛。社會意志是社會之車的行駛路線，而社會之車又由社會意志控制，形成完美的自洽。

　　本文除遞進自組織之外，未涉及諸如國家形式、經濟制度、所有權、財富分配、社會福利、教育、軍隊等方面的構建，原因在於遞進自組織不是一種目標，更不是烏托邦。烏托邦構建的是理想社會或終極狀態，遞進自組織只是一種方法，或者說是達到理想的手段。烏托邦是事先選定的目的地，遞進自組織只是駛向未來的車。目的地是什麼，不由車決定，也不會有終極目標。然而只要有了這輛自動車，社會所需的其他方面便會自然形成，且會隨發展自然變化，社會始終平順無阻地按照社會意志駛向未來。

國家圖書館出版品預行編目(CIP)資料

權民一體論 : 遞進自組織社會 /
王力雄著. -- 初版. -- 臺北市 : 大塊文化, 2016.11
面 ；　公分. -- (From ; 118)

ISBN 978-986-213-738-3(平裝)

1.民主政治 2.政治溝通 3.中國大陸研究

574.1　　　　　　　　　　105016680

LOCUS

LOCUS

LOCUS

LOCUS